Dr. Jaerock Lee

TUHAN
Penyembuh

URIM BOOKS

Kata TUHAN, "Taati lah Aku dengan sungguh-sungguh, dan lakukanlah apa yang Ku pandang baik; ikuti lah semua perintah-Ku. Kalau kamu berbuat begitu, kamu tidak akan Ku hukum dengan penyakit-penyakit yang Ku timpakan kepada orang Mesir. Akulah TUHAN yang menyembuhkan kamu."

(Keluaran 15:26)

TUHAN Penyembuh oleh Dr. Jaerock Lee
Diterbitkan oleh Urim Books (Presiden: Kyungtae Noh)
73, Yeouidaebang-ro 22-gil, Dongjak-gu, Seoul, Korea
www.urimbooks.com

Hak Cipta Terpelihara © 2015 oleh Dr. Jaerock Lee
ISBN: 978-89-7557-967-7 03230
Hak CIpta Penterjemahan © 2013 oleh Dr. Esther K. Chung.
Digunakan dengan kebenaran.

Dahulunya diterbitkan kepada bahasa Korea oleh Urim Books pada
tahun 1992.

Terbitan Pertama pada Mac 2015.

Disunting oleh Dr. Geumsun Vin
Direkabentuk oleh Biro Editorial Urim Books
Dicetak oleh Syarikat Pencetakan Yewon
Untuk maklumat lanjut, hubungi urimbook@hotmail.com

Pesanan Penerbitan

Dengan kemajuan dan peningkatan tamadun kebendaan serta kemakmuran, kita mendapati bahawa hari ini ramai orang mempunyai lebih banyak masa dan kemampuan untuk diluangkan. Selain itu, dalam usaha untuk mencapai kehidupan yang lebih sihat dan selesa, ramai orang melaburkan masa dan wang serta memberikan perhatian kepada pelbagai maklumat yang berguna.

Namun, hal nyawa manusia, penuaan, penyakit, dan kematian terletak di dalam kedaulatan Tuhan, ianya tidak boleh dikawal oleh kekuatan wang ataupun pengetahuan. Sebagai tambahan, memang tidak dapat dinafikan lagi bahawa, walaupun pengetahuan manusia yang terkumpul selama berabad telah menghasilkan sains perubatan yang canggih, bilangan pesakit yang menderita akibat penyakit yang tidak boleh diubati serta penyakit-penyakit terminal kian meningkat.

Sepanjang sejarah dunia, ramai orang daripada pelbagai kepercayaan dan pengetahuan – termasuk Buddha dan Confucius

– tetapi mereka semua senyap apabila berdepan dengan soalan ini dan tidak ada seorang pun di antara mereka yang dapat mengelakkan diri daripada menjadi tua, penyakit dan kematian. Persoalan ini terikat dengan dosa dan isu penyelamatan manusia, dan kedua-duanya berada di luar kawalan manusia.

Hari ini, terdapat banyak hospital dan farmasi, yang mudah diakses dan seolah-olah mampu menjadikan masyarakat kita bebas daripada penyakit dan sihat. Walau bagaimanapun, badan kita dan dunia ini terdiri daripada pelbagai penyakit yang termasuk selesema biasa sehingga ke penyakit-penyakit yang tidak dikenal pasti asal usulnya dan tidak mempunyai penawar. Ramai orang lebih suka menyalahkan cuaca dan alam sekitar atau menganggapnya sebagai fenomena fisiologi semula jadi, dan bergantung kepada ubat-ubatan serta teknologi perubatan.

Untuk menerima penyembuhan asas dan menjalani kehidupan yang sihat, setiap satu di antara kita mesti memahami punca penyakit dan bagaimana kita boleh menerima penyembuhan. Kerana gospel dan kebenaran selalunya dua sisi: laknat dan hukuman dikhaskan untuk mereka yang tidak menerimanya, manakala kehidupan yang dirahmati menunggu mereka yang menerimanya. Ia adalah kehendak Tuhan supaya kebenaran tersembunyi daripada mereka, seperti orang-orang Farisi dan guru-guru undang-undang, yang menganggap diri mereka sebagai bijaksana dan pintar; ia juga kehendak Tuhan supaya kebenaran didedahkan kepada mereka yang seperti kanak-kanak, teringin, dan membuka hati mereka (Lukas 10:21).

Tuhan telah dengan jelas menjanjikan rahmat bagi mereka yang taat dan menjalani hidup berdasarkan perintah-perintah Dia, manakala Dia telah merekodkan dengan terperinci jenis-jenis laknat dan pelbagai jenis penyakit yang akan dikenakan kepada mereka yang melanggar perintah-perintah Dia (Ulangan 28:1-68).

Dengan memperingatkan Firman Tuhan kepada mereka yang tidak beriman dan sesetengah di kalangan mereka yang beriman yang lupa, kerja ini berusaha untuk meletakkan individu-individu seperti itu pada jalan untuk bebas daripada sakit dan penyakit.

Sebanyak mana anda mendengar, membaca, memahami, dan mentaati Firman Tuhan, dan dengan kuasa penyelamatan dan penyembuhan daripada Tuhan, semoga setiap orang di antara anda semua menerima penyembuhan kesakitan dan penyakit baik ringan mahupun teruk, dan semoga anda sekeluarga terus berada dalam keadaan sihat, saya berdoa dengan nama Tuhan kita!

Jaerock Lee

Kandungan

Pesanan Penerbitan

Bab 1

Asal Usul Penyakit
dan Sinar Penyembuhan

Malaekhi 4:2

"Tetapi bagi kamu yang taat kepada-Ku, kuasa-Ku yang menyelamatkan akan terbit laksana matahari, dan sinarnya membawa penyembuhan. Kamu akan bebas dan gembira seperti anak sapi yang baru dikeluarkan dari kandang."

Punca-punca Penyakit

Untuk mereka yang ingin menjalani kehidupan yang sihat dan bahagia sewaktu berada di bumi ini, mereka memakan pelbagai jenis makanan yang telah dikenal pasti boleh mempertingkatkan tahap kesihatan mereka, dan mereka juga memberikan perhatian serta mencari teknik-teknik rahsia. Walau dengan kemajuan tamadun material dan sains perubatan, realitinya adalah bahawa penderitaan akibat penyakit terminal dan yang tidak boleh diubati masih tidak boleh dielakkan.

Bolehkah manusia bebas daripada penderitaan penyakit sewaktu hidup di atas bumi ini?

Ramai orang lebih suka menyalahkan cuaca dan alam sekitar atau menganggapnya sebagai fenomena fisiologi semula jadi, dan bergantung kepada ubat-ubatan serta teknologi perubatan. Namun apabila punca-punca semua jenis penyakit telah dikenal pasti, sesiapa pun boleh bebas daripada penyakit-penyakit itu.

Alkitab menyediakan untuk kita cara-cara asasi untuk kita menjalani kehidupan yang bebas daripada penyakit, dan sekiranya seseorang itu sakit, maka disediakan bagaimana orang itu boleh disembuhkan.

Kata TUHAN, "Taati lah Aku dengan sungguh-sungguh, dan lakukanlah apa yang Ku pandang baik; ikuti lah semua perintah-Ku. Kalau kamu berbuat begitu, kamu tidak akan Ku hukum dengan penyakit-

penyakit yang Ku timpakan kepada orang Mesir.
Akulah TUHAN yang menyembuhkan kamu"
(Keluaran 15:26).

Ini lah janji Firman Tuhan, yang mengawal kehidupan manusia, kematian, laknat, dan rahmat, yang diberikan kepada kita.

Jadi, apa itu penyakit dan kenapa ia menjangkiti kita. Dalam istilah perubatan, "penyakit" merujuk kepada semua jenis keuzuran pelbagai anggota badan – dan merupakan keadaan kesihatan yang tidak biasa atau tidak normal – dan ia berkembang dan merebak kebanyakannya melalui bakteria. Dalam erti kata lain, penyakit adalah keadaan badan yang tidak normal yang berpunca daripada racun atau bakteria penyebab penyakit.

Dalam Keluaran 9:8-9 adalah huraian tentang proses bagaimana wabak bisul dikenakan ke atas Mesir

> *Berfirmanlah TUHAN kepada Musa dan Harun: "Ambillah jelaga dari dapur peleburan segenggam penuh, dan Musa harus membalingnya ke udara di depan mata Firaun. Maka abu itu akan tersebar ke seluruh tanah Mesir. Pada manusia dan binatang abu itu akan menimbulkan bisul-bisul yang pecah menjadi luka bernanah."*

Dalam Keluaran 11:4-7, kita membaca tentang bagaimana Tuhan membezakan kaum Israel daripada orang Mesir. Bagi orang Israel yang beriman kepada Tuhan, mereka tidak akan dilanda wabak, manakala orang Mesir yang tidak beriman kepada Tuhan mahupun mentaati perintah Dia, setiap anak sulung mereka akan dilanda wabak.

Melalui Alkitab, kita mempelajari bahawa penyakit juga terletak di dalam daulat Tuhan, dan Dia melindungi mereka yang menyanjungi Dia daripada penyakit, dan bahawa penyakit akan mereka yang berdosa kerana Dia akan memaling muka Dia daripada individu-individu itu.

Jadi, kenapa wujud penyakit dan penderitaan akibat penyakit? Adakah ini bermaksud bahawa Tuhan Maha Pencipta sewaktu penciptaan supaya manusia akan tinggal dengan bahawa penyakit? Tuhan Maha Pencipta menciptakan manusia dan mengawal segala-galanya di dalam alam semesta dengan kebaikan, kebenaran, dan kasih sayang.

Setelah menciptakan persekitaran yang paling sesuai untuk manusia hidup (Kejadian 1:3-25), Tuhan menciptakan manusia dalam imej Dia sendiri, merahmati mereka, dan membenarkan mereka bebas dan berkuasa.

Dengan berlalunya masa, manusia dengan bebas menikmati rahmat pemberian Tuhan apabila mereka mentaati perintah-perintah Dia, dan hidup di dalam Taman Syurgawi di mana tidak wujud tangisan, kesedihan, penderitaan, dan penyakit.

Apabila Tuhan melihat bahawa segala-galanya baik (Kejadian 1:31), Dia memberikan satu perintah: *"Engkau bebas makan buah-buahan dari semua pohon di taman ini; kecuali dari pohon yang memberi pengetahuan tentang yang baik dan yang jahat. Buahnya tidak boleh engkau makan; jika engkau memakannya, engkau pasti akan mati pada hari itu juga"* (Kejadian 2:16-17).

Namun apabila ular yang licik itu melihat bahawa mereka itu mentaati firman Tuhan di dalam hati mereka sebaliknya mengabaikannya, ular itu menggoda Hawa, isteri kepada lelaki pertama yang diciptakan. Selepas Adam dan Hawa memakan buah daripada pokok pengetahuan baik dan jahat dan berdosa (Kejadian 3:1-6), sepertimana Tuhan telah memberikan amaran, kematian memasuki lelaki itu (Roma 6:23).

Setelah melakukan dosa keingkaran dan apabila manusia mendapat balasan dosa dan menghadapi kematian, roh di dalam manusia – tuan dia – juga mati dan hubungan di antara manusia dan Tuhan juga tidak wujud lagi. Mereka dihalau keluar daripada Taman Syurgawi dan mula hidup dalam tangisan, kesedihan, penderitaan, penyakit, dan kematian. Disebabkan segala-galanya dari tanah telah dilaknat, ia menghasilkan duri dan hanya dengan berusaha keras barulah memperolehi makanan mereka (Kejadian 3:16-24).

Oleh itu, punca penyakit adalah dosa asal yang berhasil daripada keingkaran Adam. Jikalau Adam tidak mengingkari Tuhan, dia tidak akan dihalau keluar daripada Taman Syurgawi dan akan menikmati kehidupan yang baik pada setiap masa. Dalam erti kata lain, disebabkan seorang lelaki setiap manusia telah menjadi pendosa dan mula hidup dalam keadaan penuh berbahaya, penderitaan dan pelbagai jenis penyakit. Tanpa mula-mula menangani masalah dosa, tidak seorang pun akan dianggap sebagai beriman dalam pandangan Tuhan dengan hanya mentaati hukum-hukum Tuhan (Roma 3:20).

Matahari Kebenaran dengan Penyembuhan pada Sayapnya

Malaekhi 4:2 memberitahu kita bahawa, *"Tetapi bagi kamu yang taat kepada-Ku, kuasa-Ku yang menyelamatkan akan terbit laksana matahari, dan sinarnya membawa penyembuhan. Kamu akan bebas dan gembira seperti anak sapi yang baru dikeluarkan dari kandang."* Di sini, "matahari kebenaran" merujuk kepada Al-Masih.

Mengenai manusia di atas jalan menuju pemusnahan dan penderitaan akibat penyakit, Tuhan mengasihani dan menebus semua dosa kita melalui Yesus Kristus yang Dia telah kurniakan, dengan membiarkan Dia disalib dan semua darah Dia mengalir. Oleh itu, sesiapa yang telah menerima Yesus Kristus, menerima pengampunan untuk dosa-dosa dia, dan mencapai penyelamatan, kini boleh bebas daripada penyakit dan menjalani kehidupan yang sihat. Disebabkan sumpahan ke atas semua benda, manusia terpaksa tinggal dengan bahaya penyakit selagi dia bernafas tetapi dengan kasih dan rahmat Tuhan, jalan menuju kebebasan daripada penyakit kini telah dibuka.

Apabila anak-anak Tuhan menahan diri daripada melakukan dosa sehingga ke tahap tertumpah darah mereka (Ibrani 12:4) dan mentaati Firman Dia, Dia akan melindungi mereka dengan mata Dia yang seperti api membara dan melindungi mereka dengan dinding berapi Roh Kudus sehingga tiada racun di udara yang mampu menembusi badan mereka. Malah jika seseorang itu jatuh sakit, apabila dia insaf dan berhenti daripada melakukan dosa, Tuhan akan membakar penyakit itu dan menyembuhkan anggota-anggota yang terjejas. Ini adalah penyembuhan oleh "matahari kebenaran."

Perubatan moden telah memajukan terapi ultraungu, yang digunakan secara meluas hari ini untuk mencegah dan mengubati pelbagai penyakit. Sinar ultraungu itu sangat berkesan dalam membasmi kuman dan menyebabkan perubahan kimia di dalam badan. Terapi jenis ini boleh memusnahkan 99% basili kolon, difteria, dan basili disentri serta juga berkesan terhadap batuk kering, penyakit riket, anemia, sakit sendi, dan penyakit kulit. Malah rawatan yang begitu kuat dan berkesan seperti terapi ultraungu itu, tidak boleh digunapakai terhadap semua jenis penyakit.

Hanya "matahari kebenaran dengan penyembuhan pada sayapnya" yang direkodkan di dalam Alkitab ialah adalah satu-satunya sinaran kuasa yang mampu menyembuhkan semua penyakit. Sinaran daripada matahari kebenaran boleh digunakan untuk menyembuhkan semua jenis penyakit dan disebabkan ianya boleh diaplikasikan kepada semua orang, cara yang Tuhan menyembuhkan sememangnya mudah namun lengkap, dan pada asasnya adalah yang terbaik.

Tidak lama setelah mendirikan gereja saya, seorang pesakit di ambang kematian yang menderita akibat kesakitan yang amat disebabkan lumpuh dan barah dibawa kepada saya di atas pengusung. Dia tidak boleh bercakap kerana lidah dia telah kaku dan dia tidak boleh menggerakkan badan dia kerana keseluruhan badan dia telah lumpuh. Disebabkan doktor-doktor dia telah putus asa, isteri pesakit tersebut, yang percaya kepada kuasa Tuhan, menggalakkan suaminya untuk berserah sepenuhnya kepada Tuhan. Apabila menyedari bahawa satu-satunya cara untuk terus hidup adalah dengan berpaut dan berdoa kepada Tuhan, pesakit itu mencuba menyembah Tuhan walaupun dalam keadaan berbaring dan isterinya juga bersungguh-sungguh berdoa dengan penuh iman dan kasih sayang. Apabila saya melihat iman yang ada pada pasangan itu, saya pun bersungguh-sungguh berdoa untuk lelaki tersebut. Tidak lama kemudian, lelaki yang pernah menganiaya isterinya kerana percaya kepada Yesus telah bertaubat dengan menyerahkan hatinya, dan Tuhan mengutus sinar penyembuhan, terus membakar badan lelaki tersebut dengan api Roh Kudus, dan membersihkan tubuhnya. Haleluyah! Disebabkan punca penyakit telah dibakar, lelaki itu pun mula berjalan dan berlari, dan terus sembuh sepenuhnya. Tidak perlu bercerita bagaimana ahli-ahli Manmin memberikan kemuliaan kepada Tuhan dan bergembira apabila mengalami kerja penyembuhan menakjubkan Tuhan.

Untuk Kamu yang Takut kepada Nama Aku

Tuhan kita ialah Tuhan Maha Kuasa yang menciptakan segala-galanya di dalam alam semesta dengan Firman Dia dan menciptakan manusia daripada debu. Oleh kerana Tuhan seperti ini telah menjadi Bapa kita, walaupun kita jatuh sakit, jika kita berharap sepenuhnya pada Dia dengan iman kita, Dia akan melihat dan mengakui iman kita dan dengan rela hati menyembuhkan kita. Tiada apa yang salah dengan mencari penawar di hospital, tetapi Tuhan berkenan anak-anakNya yang mempercayai pada kekuatan dan kekuasaan-Nya, bersungguh-sungguh menyeru kepada-Nya, menerima penyembuhan, dan memberikan kemuliaan kepada-Nya.

Di dalam 2 Raja-raja 20:1-11 tertulis cerita tentang Hizkia, raja Yehuda, yang jatuh sakit ketika Assyria menyerang kerajaannya, tetapi disembuhkan sepenuhnya tiga hari setelah dia berdoa kepada Tuhan dan umurnya telah dipanjangkan lagi lima belas tahun.

Melalui Nabi Yesaya, Tuhan memberitahu Hizkia supaya *"Sampaikanlah pesan terakhir kepada keluargamu, sebab engkau akan mati, tidak akan sembuh lagi"* (2 Raja-raja 20:1; Yesaya 38:1). Dalam erti kata lain, Hizkia telah diberikan hukuman mati dan diberitahu supaya bersiap sedia untuk mati serta membereskan segala urusan berkaitan kerajaan dan keluarganya. Namun, serta merta Hizkia menoleh muka ke arah dinding dan berdoa kepada TUHAN (2 Raja-raja 20:2). Raja itu yang menyedari bahawa penyakitnya adalah disebabkan hubungannya dengan Tuhan, mengetepikan segala-galanya, dan memutuskan untuk berdoa.

Apabila Hizkia berdoa bersungguh-sungguh dan menangis kepada Tuhan, Dia memberitahu dan menjanjikan kepada raja itu, *"Telah Ku dengar doa-doa mu dan telah Ku lihat air matamu. Sesungguhnya Aku akan memperpanjang hidupmu lima belas tahun lagi. Aku akan melepaskan engkau dan kota ini dari tangan raja Asyur dan Aku akan memagari kota ini"* (Yesaya 38:5-6). Kita juga boleh bayangkan betapa bersungguh-sungguh dan tekun Hizkia telah berdoa sehingga Tuhan berkata kepadanya, "Aku telah mendengar doa anda dan melihat air mata."

Tuhan yang telah menjawab doa Hizkia memulihkan raja itu sepenuhnya supaya dia boleh naik ke rumah ibadat Tuhan dalam masa tiga hari. Selain itu, Tuhan memanjangkan umur Hizkia selama lima belas tahun, dan sepanjang baki kehidupan Hizkia, Dia memastikan keselamatan Bandar Baitulmuqaddis daripada ancaman Assyria.

Kerana Hizkia menyedari bahawa soal kehidupan dan

kematian seseorang berada di dalam tangan Tuhan, dan berdoa kepada Tuhan adalah perkara yang paling penting bagi dia. Tuhan yang senang dengan hati Hizkia yang rendah diri dan beriman, menjanjikan penyembuhan kepada raja itu dan apabila Hizkia mencari tanda penyembuhan dia, Tuhan membuatkan bayang-bayang turun kembali sepuluh langkah di anak tangga Ahaz (2 Raja-raja 20:11). Tuhan kita adalah Tuhan penyembuh dan seorang Bapa yang sangat prihatin yang memberikan kepada mereka yang mencari.

Sebaliknya, kita mendapati di dalam 2 Tawarikh 16:12-13 bahawa *"Pada tahun ketiga puluh sembilan pemerintahannya Asa menderita sakit pada kakinya yang kemudian menjadi semakin parah. Namun dalam kesakitannya itu ia tidak mencari pertolongan TUHAN, tetapi pertolongan tabib-tabib Kemudian Asa mendapat perhentian bersama-sama nenek moyangnya. Ia mati pada tahun keempat puluh satu pemerintahannya."* Apabila dia mula-mula menaik takhta, *"Asa melakukan apa yang benar di mata TUHAN seperti Daud, bapa leluhurnya"* (1 Raja-raja 15:11). Dia pada mulanya seorang pemimpin yang bijaksana tetapi apabila dia beransur-ansur kurang beriman kepada Tuhan dan mula lebih bergantung kepada manusia, raj itu tidak menerima pertolongan Tuhan.

Apabila Baasha, raja Israel, menyerang Yehuda, Asa bergantung kepada Ben-Hadad, raja Aram, dan bukan Tuhan. Untuk sebab ini Asa telah dimarahi oleh Hanani peramal itu, tetapi dia tidak berpaling daripada caranya, sebaliknya dia memenjarakan peramal tersebut dan menindas rakyatnya sendiri (2 Tawarikh 16:7-10).

Sebelum Asa mula bergantung kepada raja Aram, Tuhan mencampurkan tangan dalam tentera Aram supaya ianya tidak dapat menyerang Yehuda. Bermula ketika Asa bergantung kepada raja Aram dan bukannya Tuhan, raja Yehuda tidak lagi menerima bantuan daripada Dia. Tambahan pula, Dia tidak lagi senang dengan Asa yang telah meminta pertolongan para pengamal perubatan dan bukannya Tuhan. Kerana itu lah Asa meninggal dunia hanya dua tahun selepas dia dilanda penyakit kaki. Walaupun Asa telah melafazkan imanya kepada Tuhan, tetapi kerana tidak berserta dengan amalan dan dia gagal meminta tolong pada Tuhan, Tuhan yang maha kuasa tidak dapat menolong raja itu.

Sinar penyembuhan dari Tuhan kita boleh menyembuhkan sebarang jenis penyakit sehingga yang lumpuh boleh berdiri dan berjalan, orang buta mula melihat, yang pekak mendengar, dan yang mati boleh hidup semula. Oleh itu, kerana Tuhan Penyembuh memiliki kuasa yang tidak terhad, maka tahap penyakit sebarang penyakit tidak penting. Daripada satu penyakit yang kecil seperti demam selesema sehingga kepada yang kritikal seperti kanser, untuk Tuhan Penyembuh semuanya sama sahaja. Yang lebih penting adalah hati kita semasa kita menyeru kepada Tuhan: sama ada ianya seperti hati

Asa atau Hizkia.

Semoga anda menerima Yesus Kristus, menerima jawapan kepada masalah dosa, dianggap sebagai benar dalam beriman, menyenangkan Tuhan dengan hati yang rendah diri disertai dengan amalan seperti Hizkia, menerima penyembuhan pelbagai semua jenis penyakit, dan sentiasa menjalani kehidupan yang sihat, saya berdoa dengan nama Tuhan kita!

Bab 2

Mahukah Anda Sembuh?

Yohanes 5:5-6

Di tempat itu ada seorang laki-laki yang sudah sakit tiga puluh delapan tahun lamanya. Ketika Yesus melihat orang itu berbaring di situ dan karena Dia tahu, bahwa dia telah lama dalam keadaan itu, berkatalah Dia kepadanya: "Mahukah engkau sembuh?"

Mahukah Anda Sembuh?

Terdapat pelbagai kes orang yang dahulunya mengenali Tuhan, mencari dan datang di hadapan-Nya. Ada yang datang kepada-Nya dengan mengikuti nurani baik mereka manakala yang lain datang menemui-Nya setelah mereka mendengar khutbah. Yang lain datang menemui-Nya setelah mengalami keraguan dalam kehidupan melalui kegagalan perniagaan atau masalah keluarga. Ada juga yang datang menemui-Nya dengan hati yang terdesak setelah mengalami kesakitan fizikal yang teruk ataupun takut kepada kematian.

Sama seperti orang tidak upaya yang telah menderita kesakitan selama tiga puluh lapan tahun di sebelah kolam bernama Betesda telah melakukan, untuk menyerahkan sepenuhnya penyakit kita kepada Tuhan dan menerima penyembuhan, keinginan seseorang itu untuk sembuh mesti mengatasi segala-galanya yang lain.

Di Baitulmuqaddis berdekatan dengan Pintu Domba, terdapat sebuah kolam yang dalam bahasa Ibrani dipanggil "Betesda." Ia dikelilingi oleh deretan tiang berbumbung di mana orang-orang buta, tempang, dan lumpuh berkumpul dan berbaring di sana kerana kepercayaan pada waktu itu adalah dari masa ke semasa, seorang malaikat Tuhan akan turun ke situ dan mengocakkan air. Juga dipercayai bahawa orang yang pertama memasuki kolam itu selepas setiap kocakan air kolam itu, yang namanya bermaksud "Rumah Belas Kasihan," akan disembuhkan daripada apa jua penyakit.

Apabila melihat yang kurang upaya selama tiga puluh lapan tahun terbaring tepi kolam itu, dan sudah mengetahui berapa lama orang itu telah menderita, Yesus bertanya kepadanya, "Mahukah anda sembuh?" Lelaki itu menjawab, *"Tuan, tidak ada orang yang menurunkan aku ke dalam kolam itu apabila airnya mulai goncang, dan sementara aku menuju ke kolam itu, orang lain sudah turun mendahului aku"* (Yohanes 5:7). Selama ini, lelaki tersebut mengaku kepada Yesus bahawa walaupun dia benar-benar ingin penyembuhan, dia tidak mampu tampil dengan sendiri. Yesus melihat hati lelaki tersebut dan berkata kepada dia, *"Bangunlah, angkatlah tikarmu dan berjalanlah,"* dan serta merta lelaki itu sembuh: dia mengangkat tikarnya dan berjalan (Yohanes 5:8).

Anda Mesti Menerima Yesus Kristus

Apabila lelaki yang telah kurang upaya selama tiga puluh lapan tahun bertemu Yesus, dia menerima penyembuhan serta merta. Apabila dia mula mempercayai dalam Yesus Kristus, sumber kehidupan sebenar, lelaki itu dimaafkan segala dosa-dosanya dan dan disembuhkan penyakit yang dialaminya.

Adakah sesiapa di antara kamu menderita akibat penyakit? Sekiranya anda menderita akibat penyakit dan ingin menemui Tuhan dan menerima penyembuhan, anda harus mula-mula menerima Yesus Kristus, menjadi anak Tuhan, menerima pengampunan dalam usaha untuk menghapuskan penghalang di antara diri anda dengan Tuhan. Anda kemudian harus mempercayai bahawa ialah yang maha kuasa dan maha mengetahui, dan Dia boleh melakukan keajaiban. Anda juga mesti mempercayai bahawa kita telah ditebus daripada semua penyakit kita apabila Yesus disebat, dan apabila anda mencari dengan nama Yesus Kristus anda tentu akan menerima penyembuhan.

Apabila kita meminta dengan iman sebegini, Tuhan akan mendengar doa penuh iman kita dan kerja penyembuhan dimanifestasikan. Tidak kira berapa lama atau berapa kritikal penyakit anda, pastikan anda menyerahkan semua masalah dan penyakit penyakit anda kepada Tuhan, mengingati bahawa anda boleh menjadi pulih kembali sepenuhnya dalam sekelip mata apabila kuasa Tuhan menyembuhkan anda.

Apabila orang lumpuh yang disebutkan di dalam Markus 2:3-12 mula-mula terdengar bahawa Yesus telah datang ke Kapernaum, lelaki itu ingin menemui Dia. Apabila mendengar berita orang-orang dengan pelbagai penyakit telah disembuhkan oleh Yesus, menghalau roh-roh jahat, dan menyembuhkan penghidap kusta, orang lumpuh itu berfikiran bahawa jika dia beriman dia juga boleh menerima penyembuhan. Apabila orang lumpuh itu menyedari dia tidak dapat pergi lebih dekat kepada Yesus kerana orang ramai yang yang telah berkumpul, dengan bantuan rakan-rakan dia menggali bumbung rumah di mana Yesus tinggal dan telah diturunkan menemui Yesus melalui bumbung rumah di dalam tikar yang dia sering berbaring.

Bolehkah anda membayangkan betapa orang lumpuh itu benar-benar ingin menemui Yesus sehingga ke tahap dia sanggup melakukan sebegitu. Bagaimana reaksi Yesus apabila orang lumpuh itu, yang tidak boleh bergerak dari tempat ke tempat dan juga tidak dapat menghampiri disebabkan sekumpulan besar orang ramai, menunjukkan iman dia dan dedikasi dengan bantuan kawan-kawan dia. Yesus tidak memarahi orang lumpuh itu kerana sifatnya yang kurang sopan sebaliknya berkata kepada dia, "Anak, dosa-dosa anda telah dimaafkan," dan membenarkan dia berdiri tegak dan berjalan pergi.

Dalam Amsal 8:17 Tuhan berfirman kepada kita, *"Aku mengasihi orang yang mengasihi aku, dan orang yang tekun mencari aku akan mendapatkan daku."* Jika anda ingin bebas daripada derita penyakit, anda mesti pertama sekali benar-benar ingin sembuh, percaya kepada kuasa Tuhan yang boleh menyelesaikan masalah penyakit tersebut, dan menerima Yesus Kristus.

Anda Mesti Musnahkan Tembok Dosa

Tidak kira betapa kuat kepercayaan anda bahawa anda boleh disembuhkan oleh kuasa Tuhan, Dia tidak boleh menolong anda sekiranya wujud tembok dosa di antara anda dan Tuhan.

Kerana itu lah di dalam Yesaya 1:15-17, Tuhan berfirman

kepada kita *"Apabila kamu menadahkan tanganmu untuk berdoa, Aku akan memalingkan muka-Ku, bahkan sekalipun kamu berkali-kali berdoa, Aku tidak akan mendengarkannya. Sebab tanganmu penuh dengan darah. Basuh lah, bersihkanlah dirimu, jauhkan lah perbuatan-perbuatanmu yang jahat dari depan mata-Ku. Berhentilah berbuat jahat, belajarlah berbuat baik; usahakanlah keadilan, kendalikan lah orang kejam; bela lah hak anak-anak yatim, perjuangkan lah perkara janda-janda,"* dan di dalam ayat 18 seterusnya Dia berjanji, *"Mari kita bereskan perkara ini. Meskipun kamu merah lembayung karena dosa-dosamu, kamu akan Ku basuh menjadi putih bersih seperti kapas. Meskipun dosa-dosamu banyak dan berat, kamu akan Ku ampuni sepenuhnya."*

Kita juga menjumpai ayat berikutnya dalam Yesaya 59:1-3:

"Sesungguhnya, tangan TUHAN tidak kurang panjang untuk menyelamatkan, dan pendengaran-Nya tidak kurang tajam untuk mendengar. Tetapi yang merupakan pemisah antara kamu dan Tuhanmu ialah segala kejahatanmu, dan yang membuat Dia menyembunyikan diri terhadap kamu, sehingga Ia tidak mendengar, ialah segala dosamu. Sebab tanganmu cemar oleh darah dan jarimu oleh kejahatan; mulutmu mengucapkan dusta, lidahmu menyebut-nyebut kecurangan."

Orang yang tidak mengenali Tuhan dan tidak menerima Yesus Kristus, serta menjalani kehidupan sesuka hati tidak menyedari bahawa mereka berdosa, Apabila mereka menerima Yesus Kristus sebagai Penyelamat dan menerima Roh kudus sebagai hadiah, Roh Kudus akan mempersalahkan dunia berkenaan dosa, kebenaran dan penghakiman, dan mereka akan mengakui bahawa mereka orang yang berdosa (Yohanes 16:8-11).

Namun, disebabkan ada masanya manusia tidak tahu dengan terperinci apakah itu dosa, dan mereka tidak dapat menyingkirkan dosa dan kejahatan dalam diri mereka serta menerima jawapan daripada Tuhan, mereka pertama sekali perlu tahu apakah dosa pada pandangan Tuhan. Disebabkan semua penyakit berasal daripada dosa, hanya apabila anda melihat semula diri sendiri dan memusnahkan dinding dosa barulah anda akan mengalami kerja penyembuhan dengan cepat.

Mari kita lihat apa yang dikatakan oleh Alkitab berkenaan dosa dan bagaimana kita dapat memusnahkan dinding dosa.

1. Anda mesti bertaubat kerana tidak percaya terhadap Tuhan dan menerima Yesus Kristus.

Alkitab memberitahu kita bahawa ketidakpercayaan kita terhadap Tuhan dan tidak menerima Yesus Kristus sebagai Penyelamat dianggap dosa (Yohanes 16:9). Ramai orang yang tidak percaya menyatakan yang mereka menjalani kehidupan yang baik tetapi mereka tidak mengenali diri mereka sendiri kerana mereka tidak mengetahui Firman kebenaran – cahaya Tuhan – dan tidak dapat membezakan antara yang betul dan salah.

Walaupun jika seseorang yakin dia menjalani kehidupan yang baik, apabila hidupnya diukur dengan kebenaran, iaitu Firman Tuhan yang Maha Berkuasa yang menciptakan alam semesta dan mengawal kehidupan, kematian, sumpahan dan rahmat, banyak kesalahan dan dusta yang akan ditemui, Itu sebabnya Alkitab menyatakan, *"Tidak ada yang benar, seorangpun tidak"* (Roma 3:10), dan *"Sebab tidak seorangpun yang dapat dibenarkan di hadapan Tuhan oleh kerana melakukan hukum Taurat, karena justeru oleh hukum Taurat orang mengenal dosa"* (Roma 3:20).

Apabila anda menerima Yesus Kristus dan menjadi anak Tuhan selepas anda bertaubat kerana tidak mempercayai Tuhan dan menerima Yesus Kristus, Tuhan yang Maha Berkuasa akan menjadi Bapa anda, dan anda akan menerima jawapan bagi apa jua penyakit yang anda ada.

2. Anda mesti bertaubat kerana tidak mengasihi orang lain.

Alkitab menyatakan bahawa *"Saudara-saudaraku yang kekasih, jikalau Tuhan sedemikian mengasihi kita, maka haruslah kita juga saling mengasihi"* (1 Yohanes 4:11). Ia juga mengingatkan kita bahawa kita perlu mengasihi orang lain walaupun musuh (Matius 5:44). Jika kita membenci orang lain, kita ingkar kepada Firman Tuhan, dan akan melakukan dosa.

Kerana Yesus menunjukkan kasih sayangNya kepada manusia yang hidup dalam dosa dan kejahatan dengan disalib, patutlah kita mengasihi ibu bapa, anak-anak dan adik-beradik. Tidak betul pada pandangan Tuhan untuk kita membenci dan tidak memberikan kemaafan kerana perasaan yang tidak penting dan salah faham terhadap antara satu sama lain.

Dalam Matius 18:23-25, Yesus memberikan kita perumpamaan berikut:

> Sebab hal Kerajaan Syurga seumpama seorang raja yang hendak mengadakan perhitungan dengan hamba-hambanya. Setelah ia mulai mengadakan perhitungan itu, dihadapkanlah kepadanya seorang yang berhutang sepuluh ribu talenta. Tetapi kerana orang itu tidak mampu melunaskan hutangnya, raja itu memerintahkan supaya ia dijual berserta anak isterinya dan segala miliknya untuk pembayar hutangnya. Maka sujudlah hamba itu menyembah dia, katanya: Sabarlah dahulu, segala hutangku akan kulunaskan. Lalu tergeraklah hati raja itu oleh belas kasihan akan hamba itu, sehingga ia membebaskannya dan menghapuskan hutangnya. Tetapi ketika hamba itu keluar, ia bertemu dengan seorang hamba lain yang berhutang seratus dinar

kepadanya. Ia menangkap dan mencekik kawannya itu, katanya: Bayar hutangmu. Maka sujudlah kawannya itu dan memohon kepadanya: Sabarlah dahulu, hutangku itu akan kulunaskan. Tetapi ia menolak dan menyerahkan kawannya itu ke dalam penjara sampai dilunaskannya hutangnya. Melihat itu kawan-kawannya yang lain sangat sedih lalu menyampaikan segala yang terjadi kepada tuan mereka. Raja itu menyuruh memanggil orang itu dan berkata kepadanya: Hai hamba yang jahat, seluruh hutangmu telah kuhapuskan kerana engkau memohonkannya kepadaku. Bukankah engkau pun harus mengasihani kawanmu seperti aku telah mengasihani engkau? Maka marahlah tuannya itu dan menyerahkannya kepada algojo-algojo, sampai ia melunaskan seluruh hutangnya. Maka BapaKu yang di syurga akan berbuat demikian juga terhadap kamu, apabila kamu masing-masing tidak mengampuni saudaramu dengan segenap hatimu.

Walaupun kita telah menerima keampunan dan kasih kurnia Tuhan Bapa, adakah kita tidak mampu atau tidak mahu menerima kesalahan dan kekurangan orang lain, sebaliknya suka bersaing, mencari musuh, membenci dan membuatkan pihak lain marah?

Tuhan memberitahu kita bahawa *"Setiap orang yang*

*membenci saudaranya, adalah seorang pembunuh manusia.
Dan kamu tahu, bahawa tidak ada seorang pembunuh yang
tetap memiliki hidup yang kekal di dalam dirinya"* (1 Yohanes
3:15), *"Maka BapaKu yang di syurga akan berbuat demikian
juga terhadap kamu, apabila kamu masing-masing tidak
mengampuni saudaramu dengan segenap hatimu"* (Matius
18:35), dan menggesa kita supaya tidak *"Saudara-saudara,
janganlah kamu bersungut-sungut dan saling mempersalahkan,
supaya kamu jangan dihukum. Sesungguhnya Hakim telah
berdiri di ambang pintu"* (Yakobus 5:9).

Kita perlu sedar bahawa jika kita tidak mengasihi, malah
membenci orang lain, kita juga berdosa dan tidak akan dipenuhi
Roh Kudus tetapi akan sakit. Oleh itu, walaupun jika orang lain
membenci dan mengecewakan kita, kita tidak boleh membenci
dan mengecewakan mereka pula, tetapi perlu mengawal hati
dengan kebenaran, pemahaman dan memaafkan mereka. Hati
kita mesti mampu memberikan doa kasih sayang bagi orang
lain. Apabila kita memahami, memaafkan dan saling mengasihi
dengan bantuan Roh Kudus Tuhan juga akan menunjukkan
belas kasihan dan belas ihsanNya, dan menunjukkan kerja
penyembuhan.

3. Anda mesti bertaubat jika anda telah berdoa dengan tamak.

Apabila Yesus menyembuhkan budak lelaki yang dirasuk

roh, para hawariNya bertanya, *"Mengapa tidak dihalau keluar sahaja?"* (Markus 9:28) Yesus menjawab, *"Jenis ini tidak akan keluar dengan apa cara pun melainkan doa"* (Markus 9:29).

Untuk menerima penyembuhan pada tahap tertentu, doa dan munajat juga perlu dilakukan. Namun, doa untuk kepentingan diri sendiri tidak akan dibalas kerana tidak menyukainya. Tuhan memerintahkan, *"Sama ada kamu makan atau minum, kamu makan dan minum atau apa sahaja, lakukanlah untuk keagungan Tuhan"* (1 Korintus 10:31). Oleh itu, tujuan pembelajaran dan mencapai kemasyhuran atau kuasa mestilah untuk keagungan Tuhan. Kita dapati dalam Yakobus 4:2-3, *"Kamu mengingini sesuatu, tetapi kamu tidak memperolehnya, lalu kamu membunuh. Kamu iri hati, tetapi kamu tidak mencapai tujuanmu, lalu kamu bertengkar dan kamu berkelahi. Kamu tidak memperoleh apa-apa, kerana kamu tidak berdoa. Atau kamu berdoa juga, tetapi kamu tidak menerima apa-apa, kerana kamu salah berdoa, sebab yang kamu minta itu hendak kamu habiskan untuk memuaskan hawa nafsumu."*

Meminta penyembuhan untuk mengekalkan gaya hidup yang sihat adalah untuk keagungan Tuhan; anda akan menerima jawapan jika anda memintanya. Namun, jika anda tidak menerima penyembuhan walaupun selepas meminta, ini adalah kerana anda mungkin mencari sesuatu yang tidak betul dalam kebenaran, walaupun Tuhan mahu memberikan anda lebih banyak perkara yang hebat dengan berlipat kali ganda.

Apakah jenis doa yang Tuhan suka? Seperti yang dinyatakan oleh Yesus dalam Matius 6:33, *"Tetapi carilah dahulu Kerajaan Tuhan dan kebenarannya, maka semuanya itu akan ditambahkan kepadamu,"* daripada nada risau tentang makanan, pakaian dan sebagainya, kita terlebih dahulu perlu menyenangkan hati Tuhan dengan berdoa untuk kerajaan dan kebenarannya, dan untuk dakwah. Hanya dengan ini Tuhan akan menjawab keinginan hati anda dan memberikan penyembuhan sempurna bagi penyakit anda.

4. Anda mesti bertaubat jika anda berdoa dengan ragu-ragu.

Tuhan amat senang hati dengan doa yang menunjukkan keimanan seseorang. Kita dapati dalam Ibrani 11:6, *"Tetapi tanpa iman tidak mungkin orang berkenan kepada Tuhan. Sebab barang siapa berpaling kepada Tuhan, ia harus percaya bahawa Tuhan ada, dan bahawa Tuhan memberi upah kepada orang yang sungguh-sungguh mencari Dia."* Sama juga, Yakobus 1:6-7 mengingatkan kita, *"Hendaklah ia memintanya dalam iman, dan sama sekali jangan bimbang, sebab orang yang bimbang sama dengan gelombang laut, yang diumbang-ambingkan kian ke mari oleh angin. Orang yang demikian janganlah mengira, bahawa ia akan menerima sesuatu dari Tuhan."* Doa yang dilakukan dengan ragu-ragu menunjukkan ketidakpercayaan seseorang terhadap Tuhan yang Maha Kuasa, menghina kuasaNya, dan menjadikanNya Tuhan yang tidak berkemampuan. Anda mesti bertaubat dengan serta-merta, mengambil contoh bapa keimanan, dan berdoa dengan tekun untuk memiliki keimanan dengan mana anda dapat percaya dalam hati.

Banyak kali dalam Alkitab, kita dapati Yesus mengasihi orang yang memiliki keimanan yang teguh, memilih mereka sebagai pekerjaNya, dan menjalankan dakwah melalui dan bersama mereka. Apabila manusia tidak mampu menunjukkan keimanan mereka, Yesus menegur walaupun mereka para hawariNya kerana keimanan mereka yang tipis (Matius 8:23-27), tetapi memuji dan mengasihi orang yang mempunyai keimanan yang tebal, walaupun mereka orang bukan Yahudi (Matius 8:10).

Bagaimana anda berdoa dan apakah jenis keimanan yang anda ada?

Seorang perwira dalam Matius 8:5-13 bertemu Yesus dan memintaNya untuk menyembuhkan salah seorang hambanya yang lumpuh dan mengalami kesakitan. Apabila Yesus memberitahu perwira, *"Aku akan datang dan menyembuhkannya,"* perwira menjawab, *"Tuan, aku tidak layak untuk Tuan datang ke rumahku, katakanlah sahaja, dan hambaku akan sembuh,"* dan menunjukkan Yesus keimanan yang teguh. Selepas mendengar kata-kata perwira, Yesus amat gembira dan memujinya. *"Aku tidak pernah melihat keimanan yang begitu hebat dalam sesiapa pun di Israel."* Hamba perwira ini disembuhkan pada masa itu juga.

Dalam Markus 5:21-43 dicatatkan contoh kerja penyembuhan yang menakjubkan. Semasa Yesus berada di tepi laut, salah seorang daripada ketua rumah ibadat bernama Jairus datang bertemuNya dan tunduk di kakiNya. Jairus merayu kepada Yesus. *"Anakku perempuan sedang sakit, hampir mati, datanglah kiranya dan letakkanlah tanganMu atasnya, supaya ia selamat dan tetap hidup."*

Apabila Yesus pergi dengan Jairus, seorang wanita yang telah berdarah selama 12 tahun datang bertemuNya. Dia banyak menderita dan telah berjumpa ramai doktor dan menghabiskan banyak wang, namun dia tidak sembuh malah bertambah teruk.

Wanita ini mendengar khabar bahawa Yesus berada di kawasan berdekatan dan dalam kumpulan orang yang mengikut Yesus, dia datang ke belakang Yesus dan menyentuh jubahNya. Wanita ini percaya, *"Jika aku menyentuh pakaianNya, aku akan sembuh,"* apabila wanita ni menyentuh jubah Yesus, serta-merta darahnya kering; dan dia dapat rasakan dalam tubuhnya bahawa dia telah sembuh daripada penyakit ini. Yesus dengan serta-merta berpaling menghadap khalayak ramai di belakangNya, kerana dia berasa kuasaNya telah keluar, dan berkata, "Siapa yang menyentuh jubahKu?" Apabila wanita ini mengaku, Yesus berkata kepadanya, *"Anakku, keimananmu yang menyembuhkanmu; pergilah dengan tenang dan sembuhlah daripada penyakitmu."* Dia memberikan penyelamatan kepada wanita ini serta rahmat kesihatan.

Pada waktu itu, orang ramai datang dari rumah Jairus dan berkata, "Anak perempuanmu telah meninggal dunia." Yesus menenangkan Jairus dan berkata, "Jangan takut, percayalah sahaja," dan mereka meneruskan perjalanan ke rumah Jairus. Di sana, Yesus memberitahu orang ramai, "Anak ini tidak mati tetapi tidur," dan berkata kepada budak ini, "'Talitha koum!' (yang bermakna "Anak kecil, Aku katakan kepadamu, bangunlah!")." Anak kecil ini terus berdiri dan mula berjalan.

Percayalah apabila anda meminta dalam keimanan, penyakit yang serius pun akan disembuhkan dan orang yang mati dapat dihidupkan semula. Jika anda telah berdoa dengan ragu-ragu sehingga saat ini, terimalah penyembuhan dan kuatkan diri dengan bertaubat daripada dosa ini.

5. Kita mesti bertaubat kerana melanggar perintah Tuhan.

Dalam Yohanes 14:21, Yesus memberitahu kita, *"Barang siapa memegang perintahKu dan melakukannya, dialah yang mengasihi Aku. Dan barang siapa mengasihi Aku, ia akan dikasihi oleh BapaKu dan Aku pun akan mengasihi dia dan akan menyatakan diriKu kepadanya."* Dalam 1 Yohanes 3:21-22 kita juga diingatkan, *"Saudara-saudaraku yang kekasih, jikalau hati kita tidak menuduh kita, maka kita mempunyai keberanian percaya untuk mendekati Tuhan; dan apa saja yang kita minta, kita memperolehnya dari padaNya, kerana kita menuruti segala perintahNya dan berbuat apa yang berkenan kepadaNya."* Orang yang berdosa tidak akan yakin apabila berhadapan dengan Tuhan. Namun, jika hati kita suci dan tidak berdosa apabila diukur dengan Firman kebenaran, kita akan dapat meminta apa sahaja kepada Tuhan dengan berani.

Oleh itu, sebagai orang yang percaya kepada Tuhan, anda perlu belajar dan memahami 10 Perintah, yang menjadi asas kepada 66 buku Alkitab, dan mengetahui betapa banyak anda telah melanggar perintah ini.

I. Pernahkah saya dalam hati menyimpan tuhan selain daripada Tuhan?

II. Pernahkah saya menjadikan harta-benda, anak-anak, kesihatan, perniagaan dan sebagai sebagai berhala dan memuja semuanya?

III. Pernahkah saya menggunakan nama Tuhan dengan sia-sia?

IV. Adakah saya sentiasa menghormati hari suci Sabat?

V. Adakah saya sentiasa menghormati ibu bapa saya?

VI. Pernahkah saya melakukan pembunuhan fizikal atau pembunuhan rohani dengan cara membenci saudara sendiri atau menyebabkan mereka berdosa?

VII. Pernahkah saya melakukan zina, walaupun dalam hati?

VIII. Pernahkah saya mencuri?

IX. Pernahkah saya menjadi saksi palsu terhadap orang sekeliling?

X. Pernahkah saya menginginkan harta benda orang lain?

Sebagai tambahan, anda juga perlu mengingat kembali sama ada anda mematuhi perintah Tuhan dengan mengasihi orang lain seperti mana anda mengasihi diri sendiri. Apabila anda mematuhi perintah dan Tuhan dan meminta kepadaNya, kuasa Tuhan akan menyembuhkan semua jenis penyakit.

6. Anda perlu bertaubat kerana tidak menanam dalam Tuhan.

Tuhan mengawal segala-galanya di alam semesta, dan Dia menetapkan satu set peraturan untuk dunia rohani dan, sebagai hakim yang benar Dia memimpin dan mengawal segala perkara dengan sewajarnya.

Dalam Daniel 6, Raja Darius berada dalam situasi yang sukar di mana dia tidak dapat menyelamatkan hamba kesayangannya Daniel daripada sangkar singa, walaupun dia seorang raja. Memandangkan dia sendiri telah menetapkan peraturan, Darius tidak dapat ingkar undang-undang yang ditetapkannya. Jika raja sendiri melanggar peraturan dan undang-undang, siapa yang akan mentaatinya dan berkhidmat kepadanya? Itu sebabnya, walaupun hamba kesayangannya Daniel bakal dihumban ke dalam kandang singa disebabkan rancangan manusia yang jahat, Darius tidak dapat berbuat apa-apa.

Dengan cara yang sama, kerana Tuhan tidak melonggarkan

peraturan dan melanggar undang-undang yang ditetapkanNya sendiri, segala-galanya dalam alam semesta berjalan mengikut turutan yang betul di bawah pemerintahanNya. Itu sebabnya, *"Jangan sesat! Tuhan tidak membiarkan diriNya dipermainkan. Kerana apa yang ditabur orang, itu juga yang akan dituainya"* (Galatia 6:7).

Sebanyak mana anda menanam dalam doa, anda akan menerima jawapan dan berkembang secara rohani, dan diri dalaman anda akan diperkuatkan, dan roh anda akan diperbaharui. Jika anda sakit atau mempunyai kelemahan tetapi kini melaburkan masa dalam kasih sayang terhadap Tuhan dengan melibatkan diri dalam semua jemaah doa, anda akan menerima rahmat kesihatan dan anda akan dapat rasakan perubahan diri. Jika anda melaburkan kekayaan dalam Tuhan, Dia akan melindungi anda daripada ujian dan memberikan anda rahmat kekayaan yang lebih.

Dengan memahami betapa pentingnya untuk melabur dalam Tuhan, apabila anda menyingkirkan harapan untuk dunia ini yang akan musnah dan hilang tetapi sebaliknya mula mengumpul ganjaran di syurga dalam keimanan sebenar, Tuhan yang Maha Kuasa akan memimpin anda untuk menjalani kehidupan yang sihat sepanjang masa.

Dengan Firman Tuhan, kita telah meneliti apa yang menjadi dinding antara Tuhan dan manusia, dan mengapa mereka hidup dalam penderitaan akibat penyakit. Jika anda tidak percaya kepada Tuhan dan menderitai penyakit, terima Yesus sebagai Penyelamat anda dan mulakan hidup dalam Kristus. Jangan takut dengan apa-apa yang dapat membunuh badaniah. Sebaliknya, takutlah Tuhan yang Satu yang dapat mengutuk badaniah dan roh ke neraka, menjaga keimanan anda dalam Tuhan penyelamatan daripada hukuman ibu bapa, adik-beradik, pasangan, ibu bapa mertua dan lain-lain. Apabila Tuhan mengakui keimanan anda, Dia akan bekerja dan anda akan menerima kasih kurnia penyembuhan.

Jika anda penganut tetapi masih menderitai penyakit, lihat kembali diri sendiri untuk memastikan jika masih ada sisa-sisa kejahatan, seperti kebencian, cemburu, iri hati, ketidakbenaran, kekotoran, ketamakan, motif jahat, pembunuhan, perbalahan, kata-mengata, fitnah, bangga diri dan sebagainya. Dengan berdoa kepada Tuhan dan menerima keampunan dalam belas ihsan dan belas kasihanNya, terimalah juga jawapan kepada masalah penyakit anda.

Ramai orang suka membuat perundingan dengan Tuhan. Mereka menyatakan jika Tuhan menyembuhkan penyakit mereka terlebih dahulu, mereka akan percaya dengan Yesus dan mengikutNya dengan benar. Namun, kerana Tuhan tahu isi hati setiap manusia, hanya selepas menyucikan manusia secara rohani barulah Dia akan menyembuhkan setiap seorang daripada mereka daripada penyakit fizikal.

Dengan memahami bahawa pemikiran manusia dan

pemikiran Tuhan adalah berbeza, semoga anda akan patuh terlebih dahulu akan kehendak Tuhan supaya roh anda akan serasi dan anda akan menerima rahmat penyembuhan untuk penyakit anda, dengan nama Yesus Kristus saya berdoa!

Bab 3

TUHAN Penyembuh

Keluaran 15:26

Jika kamu sungguh-sungguh mendengarkan suara TUHAN, Tuhanmu, dan melakukan apa yang benar di mataNya, dan memasang telingamu kepada perintah-perintahNya dan tetap mengikuti segala ketetapanNya, maka Aku tidak akan menimpakan kepadamu penyakit mana pun, yang telah Kutimpakan kepada orang Mesir; sebab Aku Tuhanlah yang menyembuhkan engkau.

Mengapa Manusia Jatuh Sakit?

Walaupun Tuhan Penyembuh mahu semua anakNya hidup dalam keadaan sihat, ramai antara mereka yang menderita daripada kesakitan penyakit, dan tidak dapat menyelesaikan masalah penyakit. Sama seperti ada penyebab bagi semua akibat, ada juga penyebab bagi setiap penyakit. Bagi penyakit yang dapat disembuhkan dengan pantas apabila penyebabnya diketahui, semua orang yang mahu menerima penyembuhan, mereka perlu menentukan penyebab penyakit mereka terlebih dahulu. Dengan Firman Tuhan daripada Keluaran 15:26, kita akan memahami punca penyakit, dan cara untuk kita membebaskan diri daripada penyakit dna menjalani kehidupan yang sihat.

"TUHAN" ialah nama untuk Tuhan, dan ia bermaksud "AKU ADALAH AKU" (Keluaran 3:14). Nama ini juga menandakan bahawa semua makhluk lain berada di bawah kekuasaan Tuhan yang Maha Agung. Daripada cara Tuhan merujuk kepada diriNya sebagai "TUHAN, yang menyembuhkan kamu" (Keluaran 15:26), kita pelajari bahawa kasih sayang Tuhan membebaskan kita daripada penyakit dan kuasa Tuhan menyembuhkan penyakit.

Dalam Keluaran 15:26, Tuhan berjanji kepada kita, *"Jika kamu sungguh-sungguh mendengarkan suara TUHAN, Tuhanmu, dan melakukan apa yang benar di mataNya, dan memasang telingamu kepada perintah-perintahNya dan tetap mengikuti segala ketetapanNya, maka Aku tidak akan menimpakan kepadamu penyakit mana pun, yang telah Kutimpakan kepada orang Mesir; sebab Aku Tuhanlah yang menyembuhkan engkau."* Oleh itu, jika anda jatuh sakit, ia menjadi bukti bahawa anda tidak mendengar suaraNya dengan teliti, tidak melakukan apa yang betul pada pandangan Tuhan, dan tidak mengambil berat perintahNya.

Kerana anak-anak Tuhan adalah penduduk syurga, mereka perlu mematuhi undang-undang syurga. Namun, jika penduduk syurga tidak mematuhi undang-undangnya, Tuhan tidak dapat melindungi mereka kerana dosa adalah ketidakpatuhan (1 Yohanes 3:4). Kemudian, kuasa penyakit akan masuk, dan menyebabkan anak-anak Tuhan yang ingkar ini menderita.

Mari kita lihat dengan teliti cara kita dapat jatuh sakit, penyebab penyakit, dan bagaimana kuasa Tuhan Penyembuh dapat menyembuhkan orang yang menderitai penyakit.

Contoh Bila Mana Seseorang Jatuh Sakit Disebabkan Dosa Sendiri

Dalam Alkitab, Tuhan memberitahu kita berkali-kali bahawa penyebab penyakit adalah dosa. Yohanes 5:14 menyatakan, *"Kemudian Yesus bertemu dengan dia dalam Bait Tuhan lalu berkata kepadanya: 'Engkau telah sembuh; jangan berbuat dosa lagi, supaya padamu jangan terjadi yang lebih buruk.'"* Ayat ini mengingatkan kita bahawa jika dia berdosa, dia akan jatuh sakit dengan penyakit lebih teruk daripada sebelumnya, dan juga dengan dosa, manusia akan jatuh sakit.

Dalam Ulangan 7:12-15, Tuhan berjanji kepada kita *"Dan akan terjadi, kerana kamu mendengarkan peraturan-peraturan itu serta melakukannya dengan setia, maka terhadap engkau TUHAN, Tuhanmu, akan memegang perjanjian dan kasih setiaNya yang diikrarkanNya dengan sumpah kepada nenek moyangmu. Ia akan mengasihi engkau, memberkati engkau dan membuat engkau banyak; Ia akan memberkati buah kandunganmu dan hasil bumimu, gandum dan anggur serta minyakmu, anak lembu sapimu dan anak kambing dombamu, di tanah yang dijanjikanNya dengan sumpah kepada nenek moyangmu untuk memberikannya kepadamu. Engkau akan diberkati lebih dari pada segala bangsa: tidak akan ada laki-laki atau perempuan yang mandul di antaramu, ataupun di antara haiwanmu. TUHAN akan menjauhkan segala penyakit dari padamu, dan tidak ada satu dari wabak celaka yang di Mesir itu akan ditimpakanNya kepadamu, tetapi Ia akan mendatangkannya kepada semua orang yang membenci engkau."* Bagi orang yang membenci ada kejahatan dan dosa, dan penyakit akan datang kepada manusia begini.

Dalam Ulangan 28, yang dikenali sebagai "Bab Rahmat," Tuhan memberitahu kita jenis rahmat yang akan kita terima jika kita benar-benar patuh kepada Tuhan dan menurut semua perintahNya. Dia juga memberitahu kita tentang jenis sumpahan yang akan datang kepada kita jika kita tidak menurut perintah dan suruhanNya.

Terutamanya dinyatakan secara terperinci mengenai jenis penyakit yang akan kita dapat jika kita ingkar kepada Tuhan. Ini adalah wabak; penyakit kemerosotan; demam; radang; kepanasan melampau dan kemarau; ribut dan kelembapan; "bisul Mesir... barah; luka yang bernanah; dan kegatalan, yang mana anda tidak dapat disembuhkan" gila; buta; kecelaruan fikiran yang tidak dapat dibantu oleh sesiapa; dan masalah lutu dan kaki dengan bisul yang menyakitkan dan tidak dapat disembuhkan; yang merebak daripada tapak kaki ke atas kepala (Ulangan 28:21-35).

Dengan memahami punca penyakit adalah dosa, jika anda jatuh sakit anda pertama sekali perlu bertaubat kerana tidak hidup berdasarkan Firman Tuhan dan menerima keampunan. Selepas anda menerima penyembuhan dengan hidup berdasarkan Firman, anda tidak boleh melakukan dosa lagi.

Contoh di mana Seseorang Jatuh Sakit Walaupun Dia Fikir Dia Tidak Melakukan Dosa

Sesetengah orang menyatakan bahawa walaupun mereka tidak melakukan dosa, mereka masih jatuh sakit. Namun, Firman Tuhan menyatakan bahawa jika kita melakukan perkara yang betul pada pandangan Tuhan, jika kita memberi perhatian kepada perintahNya dan melakukan suruhanNya, Tuhan tidak akan menurunkan penyakit kepada kita. Jika kita jatuh sakit, kita perlu mengakui bahawa ada perkara yang kita lakukan tidak benar pada pandangan Tuhan dan tidak selaras dengan suruhanNya.

Jadi, apakah dosa yang menyebabkan penyakit?

Jika seseorang menggunakan tubuh yang sihat yang diberikan oleh Tuhan kepadanya tanpa kawalan diri atau secara tidak bermoral, ingkar perintah Tuhan, melakukan kesilapan, atau menjalani kehidupan yang tidak teratur, dia mempunyai risiko lebih tinggi untuk mendapat penyakit. Dalam kategori penyakit ini juga termasuklah gangguan usus daripada corak pemakanan yang tidak teratur, penyakit buah pinggang disebabkan merokok dan minum arak secara berterusan, dan banyak jenis penyakit lain yang disebabkan penggunaan tubuh yang berlebihan.

Ini mungkin bukan dosa pada pandangan manusia, tetapi pada pandangan Tuhan ini adalah dosa. Makan secara berlebihan adalah dosa kerana ia menunjukkan ketamakan seseorang dan ketidakmampuan untuk mengawal diri. Jika seseorang jatuh sakit disebabkan corak pemakanan yang tidak teratur, dosanya adalah tidak menjalani kehidupan berdasarkan rutin atau akan pada waktunya, malah dia mendera tubuhnya tanpa kawalan diri. Jika seseorang jatuh sakit selepas makan makanan yang belum masak, dosanya adalah kurang sabar – tidak bertindak mengikut kebenaran.

Jika seseorang menggunakan pisau dengan tidak berhati-hati dan terluka, dan luka menjadi bernanah, ini juga adalah akibat dosanya. Jika dia benar-benar mengasihi Tuhan, Tuhan akan melindungi manusia ini sepanjang masa daripada kecelakaan. Walaupun jika dia melakukan kesilapan, Tuhan akan memberikan jalan keluar dan, kerana Dia bekerja untuk orang-orang baik yang mengasihiNya, tubuh tidak akan berparut. Luka dan kecederaan berlaku kerana seseorang bertindak melulu dan tidak berhati-hati, yang kedua-duanya salah pada pandangan Tuhan, dan oleh itu tindakannya berdosa.

Hal yang sama juga untuk merokok dan minum arak. Jika seseorang itu sedar bahawa merokok mengganggu fikirannya, merosakkan paru-paru, dan menyebabkan kanser tetapi tidak dapat berhenti, dan jika seseorang sedar tentang alkohol yang toksik serta dapat merosakkan usus serta organ tubuh, tetapi tidak dapat berhenti, ini juga dianggap sebagai tindakan berdosa. Ini menunjukkan ketiadaan kawalan diri dan ketamakan, kurang kasih sayang terhadap tubuh, dan tidak menurut kehendak Tuhan. Bagaimana mungkin ini semua bukan dosa?

Walaupun jika kita tidak pasti bahawa semua penyakit adalah akibat dosa, kita sekarang sudah pasti selepas meneliti banyak kes dan mengukurnya dengan Firman Tuhan. Kita perlu sentiasa mematuhi dan hidup berpandukan Firman Tuhan supaya kita akan dibebaskan daripada penyakit. Dalam kata lain, apabila kita melakukan perkara yang betul pada pandangan Tuhan, mematuhi perintahNya, dan melakukan suruhanNya, Dia akan melindungi kita daripada penyakit setiap masa.

Penyakit yang Disebabkan Neurosis dan Gangguan Mental Lain

Statistik menunjukkan bahawa jumlah orang yang menderita penyakit neurosis dan gangguan mental lain semakin meningkat. Jika manusia bersabar seperti yang disuruh oleh Firman Tuhan, jika mereka memaafkan, mengasihi, dan memahami berdasarkan kebenaran, mereka dengan mudah dapat dibebaskan daripada penyakit begini. Namun, masih ada kejahatan dalam hati mereka dan kejahatan menghalang mereka daripada hidup berlandaskan Firman. Gangguan mental merosakkan bahagian tubuh lain dan sistem imun, dan akhirnya membawa kepada penyakit. Apabila kita hidup berdasarkan Firman, semua emosi tidak akan tersentuh, kita tidak akan menjadi marah, dan minda kita tidak akan dirangsang.

Ada di kalangan kita yang tidak nampak jahat tetapi nampak baik, namun menderitai penyakit begini. Ini kerana mereka menahan diri daripada ekspresi emosi yang biasa pun, mereka menderita penyakit yang lebih teruk daripada orang yang meluahkan kemarahan mereka. Kebaikan dalam kebenaran bukanlah penderitaan daripada konflik antara emosi yang bertentangan; sebaliknya memahami antara satu sama lain dalam kemaafan dan kasih sayang dan mengamalkan kawalan diri dan ketabahan.

Sebagai tambahan, apabila manusia dengan sengaja melakukan dosa, mereka menderita daripada penyakit mental dan kemusnahan diri. Bagi orang yang tidak mengamalkan kebaikan dan jatuh lebih dalam kepada kejahatan, penderitaan mental ini akan menyebabkan penyakit. Kita tahu bahawa neurosis dan penyakit mental lain adalah disebabkan diri sendiri, disebabkan sifat mementingkan diri dan cara kejahatan. Walaupun dalam hal begini, Tuhan kasih sayang akan menyembuhkan semua orang yang mencariNya dan mahu menerima penyembuhan daripada Tuhan. Selain itu, Dia juga akan memberikan mereka harapan untuk syurga dan membenarkan mereka untuk hidup dalam kegembiraan dan keselesaan sebenar.

Penyakit daripada musuh iaitu syaitan juga disebabkan dosa

Sesetengah orang telah dirasuk syaitan dan menderita segala jenis penyakit yang dilemparkan oleh iblis kepada mereka. Ini kerana mereka tidak mengendahkan kehendak Tuhan dan berada jauh daripada kebenaran. Sebab mengapa ramai manusia yang sakit, cacat anggota, dan dirasuk syaitan dalam keluarga yang memuja berhala dengan serius adalah kerana Tuhan membenci orang yang memuja berhala.

Dalam Keluaran 20:5-6 kita dapati, *"Jangan sujud menyembah kepadanya atau beribadah kepadanya, sebab Aku, TUHAN, Tuhanmu, adalah Tuhan yang cemburu, yang membalaskan kesalahan bapa kepada anak-anaknya, kepada keturunan yang ketiga dan keempat dari orang-orang yang membenci Aku, tetapi Aku menunjukkan kasih setia kepada beribu-ribu orang, iaitu mereka yang mengasihi Aku dan yang berpegang pada perintah-perintahKu."* Dia memberikan kita arah khas, melarang kita daripada memuja berhala. Daripada 10 Perintah yang diberikan kepada kita, daripada dua Perintah pertama – *"Jangan ada padamu tuhan lain di hadapanKu"* (ayat 3) dan *"Jangan membuat bagimu patung yang menyerupai apa pun yang ada di langit di atas, atau yang ada di bumi di bawah, atau yang ada di dalam air di bawah bumi"* (ayat 4) – kita tahu betapa Tuhan membenci penyembahan berhala.

Jika ibu bapa mengingkari kehendak Tuhan dan memuja berhala, anak-anak mereka akan turut mengikut jejak langkah mereka. Jika ibu bapa tidak mematuhi Firman Tuhan dan melakukan kejahatan, anak-anak mereka juga akan mengikut jejak langkah mereka dan melakukan kejahatan. Apabila dosa keingkaran mencapai tahap generasi ketiga dan keempat, sebagai tebusan dosa, keturunan mereka akan menderitai penyakit yang dibawa oleh iblis.

Walaupun jika ibu bapa memuja berhala tetapi anak mereka, yang mempunyai kebaikan dalam hati, percaya kepada Tuhan, Dia akan menunjukkan kasih sayang dan belas kasihan, serta merahmati mereka. Walaupun jika seseorang sekarang menderitai penyakit yang disebabkan iblis selepas tidak mempedulikan kehendak Tuhan dan menjauhi kebenaran, apabila mereka bertaubat dan menjauhkan diri daripada dosa, Tuhan penyembuh akan menyucikan mereka. Sesetengah orang akan disembuhkan oleh Tuhan dengan serta-merta,; ada yang akan disembuhkan selepas beberapa lama; dan ada juga yang Dia akan sembuhkan menurut pertumbuhan keimanan mereka. Kerja penyembuhan akan berlaku menurut kehendak Tuhan; jika manusia mempunyai hati yang tidak berubah pada pandanganNya, mereka akan disembuhkan serta-merta. Namun, jika hati mereka jahat, mereka akan disembuhkan selepas beberapa lama.

Kita akan bebas daripada penyakit apabila kita hidup dalam keimanan

Bagi Musa yang lebih merendah diri daripada semua orang di dunia (Bilangan 12:3) dan setia dalam semua rumah Tuhan, dia dianggap sebagai hamba Tuhan yang boleh dipercayai (Bilangan 12:7). Alkitab juga memberitahu kita bahawa apabila Musa meninggal dunia pada usia 120 tahun, matanya masih terang dan kekuatan masih ada (Ulangan 34:7). Bagi Ibrahim yang merupakan manusia sempurna yang patuh dalam keimanan dan mengagungkan Tuhan, dia hidup sehingga usia 175 tahun (Kejadian 25:7). Daniel masih sihat walaupun dia hanya makan sayur-sayuran (Daniel 1:12-16), manakala Yohanes Pembaptis juga sihat walaupun dia hanya makan lokus dan madu liar (Matius 3:4).

Mungkin ada yang tertanya-tanya bagaimana seseorang boleh kekal sihat tanpa memakan daging? Namun, semasa Tuhan mula-mula menciptakan manusia, Dia menyuruhnya untuk makan hanya buah-buahan. Dalam Kejadian 2:16-17 Tuhan memberitahu manusia, *"Semua pohon dalam taman ini boleh kau makan buahnya dengan bebas; tetapi pohon pengetahuan tentang yang baik dan yang jahat itu, janganlah kau makan buahnya, sebab pada hari engkau memakannya, pastilah engkau mati."* Selepas Adam ingkar, Tuhan membenarkan dia makan hanya tumbuh-tumbuhan di padang (Kejadian 3:18), dan apabila dosa semakin berleluasa di dunia, selepas Pengadilan Bah, Tuhan memberitahu Nuh dalam Kejadian 9:3, *"Segala yang bergerak, yang hidup, akan menjadi makananmu. Aku telah memberikan semuanya itu kepadamu seperti juga tumbuh-tumbuhan hijau."* Apabila manusia bertambah jahat, Tuhan membenarkan mereka makan daging, tetapi tidak makanan yang "menjijikkan" (Imamat 11; Ulangan 14).

Pada zaman Perjanjian Baru, Tuhan memberitahu kita dalam Kisah Para Rasul 15:29, *"Kamu harus menjauhkan diri dari makanan yang dipersembahkan kepada berhala, dari darah, dari daging binatang yang mati dicekik dan dari percabulan. Jikalau kamu memelihara diri dari hal-hal ini, kamu berbuat baik. Sekianlah, selamat."* Dia membenarkan kita makan makanan yang bermanfaat terhadap kesihatan dan menasihatkan kita untuk menghindari makanan yang memudaratkan; adalah lebih bermanfaat bagi kita untuk tidak makan atau minum perkara yang Tuhan tidak suka. Sebanyak mana kita menurut kehendak Tuhan dan hidup dalam keimanan, tubuh kita akan menjadi lebih kuat, penyakit akan meninggalkan kita, dan tiada kesakitan yang akan datang pada kita.

Selain itu, kita tidak akan jatuh sakit jika kita hidup dalam kebenaran dengan keimanan kerana 2,000 tahun lalu, Yesus Kristus datang ke dunia dan menanggung semua beban kita yang berat. Kita percaya bahawa dengan menumpahkan darahNya, Yesus menebus kita daripada dosa dan Dia membersihkan dan menanggung semua kelemahan kita (Matius 8:17), kita telah disembuhkan, ia akan dijalankan bergantung kepada keimanan kita (Yesaya 53:5-6; 1 Petrus 2:24).

Sebelum kita bertemu Tuhan, kita tidak mempunyai keimanan. Kita hidup dengan mengejar keinginan sifat alami dosa dan menderitai pelbagai penyakit akibat dosa. Apabila kita hidup dalam keimanan dan melakukan segala-galanya dalam kebenaran, kita akan dirahmati dengan kesihatan fizikal.

Apabila minda sihat, tubuh juga akan sihat. Apabila kita hidup dalam kebenaran dan bertindak berdasarkan Firman Tuhan, tubuh kita akan dipenuhi Roh Kudus. Penyakit akan meninggalkan kita dan apabila tubuh kita sihat secara fizikal, tiada penyakit yang akan masuk ke dalam diri. Tubuh kita berasa aman, berasa ringan, gembira dan sihat, kita tidak akan mempunyai keinginan lain tetapi hanya bersyukur kerana

Tuhan telah mengurniakan kesihatan.

Semoga anda bertindak dalam kebenaran dan keimanan supaya apabila roh anda maju, anda akan disembuhkan daripada penyakit dan kecacatan, dan menerima kesihatan! Semoga anda juga menerima kasih sayang Tuhan yang melimpah-ruah apabila anda mematuhi dan hidup berdasarkan FirmanNya – semua ini saya doakan atas nama Yesus Kristus!

Bab 4

Melalui SebatanNya
Kita Disembuhkan

Yesaya 53:4-5

Tetapi sesungguhnya, penyakit kitalah yang ditanggungNya, dan kesengsaraan kita yang dipikulNya, padahal kita mengira Dia kena tulah, dipukul dan ditindas Tuhan. Tetapi dia tertikam oleh kerana pemberontakan kita, dia diremukkan oleh kerana kejahatan kita; ganjaran yang mendatangkan keselamatan bagi kita ditimpakan kepadanya, dan oleh bilur-bilurnya kita menjadi sembuh.

Yesus Anak Tuhan Menyembuhkan Semua Penyakit

Dalam kehidupan manusia, mereka akan berhadapan dengan banyak masalah. Sama seperti laut yang tidak selalunya tenang, di lautan kehidupan ada banyak masalah yang datang daripada ruah, tempat kerja, perniagaan, penyakit, kekayaan dan sebagainya. Tidak melampau jika dikatakan bahawa dalam semua masalah kehidupan ini, masalah yang paling teruk adalah penyakit.

Tidak kira jumlah kekayaan dan pengetahuan yang dimiliki seseorang, jika dia menghidap penyakit kritikal, segala-gala yang dikerjakan dalam hidupnya tidak bermakna, seperti buih. Kita dapati apabila tamadun kehidupan bertambah maju dan kekayaan bertambah, keinginan manusia untuk menjadi lebih sihat juga bertambah. Sebaliknya, tidak kira betapa majunya sains dan perubatan, penyakit baru dan jarang berlaku – yang mana pengetahuan manusia adalah terhad – sentiasa muncul dan jumlah orang yang menderita penyakit bertambah dengan pesat. Mungkin itu sebabnya kini terdapat lebih banyak penekanan terhadap penyakit.

Penderitaan, penyakit dan kematian – semuanya berpunca daripada dosa – melambangkan had manusia. Seperti yang telah dilakukanNya pada zaman Perjanjian Lama, Tuhan Penyembuh memperlihatkan kepada kita hari ini jalan di mana orang yang percaya kepadaNya dapat disembuhkan daripada semua jenis penyakit, dengan keimanan mereka terhadap Yesus Kristus. Mari kita teliti Alkitab dan lihat mengapa kita menerima jawapan kepada masalah penyakit dan menjalani hidup yang sihat dengan keimanan terhadap Yesus Kristus.

Lalu Yesus bertanya kepada mereka: "Tetapi apa katamu, siapakah Aku ini?" Maka jawab Simon Petrus: "Engkau adalah Mesias, Anak Tuhan yang hidup" (Matius 16:15-16). Jawapan ini kedengaran ringkas tetapi ia juga menunjukkan bahawa hanya Yesus merupakan Kristus.

Pada zamanNya, ramai orang mengikut Yesus kerana Dia dengan serta-merta dapat menyembuhkan orang sakit. Ini termasuklah yang dirasuk syaitan, mempunyai sawan, paralitik, dan pesakit lain yang mempunyai pelbagai jenis penyakit. Apabila pesakit kusta, orang yang demam, orang cacat, buta dan lain-lain disembuhkan dengan sentuhan Yesus, mereka mula mengikut dan berkhidmat untukNya. Betapa indahnya hal ini? Selepas menyaksikan keajaiban dan mukjizat begini, orang ramai percaya dan menerima Yesus, mendapat jawapan bagi masalah dalam hidup mereka, dan orang sakit menerima kerja penyembuhan. Selain itu, sama seperti Yesus yang menyembuhkan orang ramai pada zamanNya, sesiapa yang berhadapan dengan Yesus juga akan dapat menerima penyembuhan hari ini.

Seorang lelaki yang cacat menghadiri Jemaah Sepanjang Malam Jumaat tidak lama selepas saya menubuhkan gereja saya. Selepas mengalami kemalangan jalan raya, dia menjalani terapi buat jangka masa yang lama di hospital. Namun, disebabkan tendon di lututnya telah dipanjangkan, dia tidak dapat membengkokkan lutut dan disebabkan betisnya tidak dapat bergerak, mustahil baginya untuk berjalan. Apabila dia mendengar Firman yang disampaikan, dia mahu menerima Yesus Kristus dan disembuhkan. Apabila saya berdoa dengan khusyuk untuk lelaki ini, dia dengan serta-merta dapat berdiri dan mula berjalan dan berlari. Sama seperti lelaki cacat di kuil yang dinamakan Indah dapat melompat dan berjalan selepas menerima doa Petrus (Kisah Para Rasul 3:1-10), kerja Tuhan yang ajaib telah ditunjukkan.

Ini menjadi bukti bahawa sesiapa yang percaya dengan Yesus Kristus dan menerima keampunan atas namaNya akan dapat disembuhkan dengan sempurna daripada penyakit – walaupun mereka tidak dapat disembuhkan dengan sains perubatan – apabila tubuhnya diperbaharui dan dikembalikan kepada asal. Tuhan yang sama semalam dan hari ini serta selama-lamanya (Ibrani 13:8) bekerja dengan orang yang percaya kepada FirmanNya dan mencari menurut ukuran keimanan mereka, dan Dia menyembuhkan pelbagai penyakit, membuka mata orang buta, dan membolehkan orang cacat untuk berdiri.

Sesiapa yang menerima Yesus Kristus, telah diampunkan semua dosa mereka, dan menjadi anak Tuhan, mesti hidup dalam kebebasan.

Mari kita teliti dengan terperinci mengapa setiap seorang daripada kita dapat hidup dengan sihat apabila kita percaya kepada Yesus Kristus.

Yesus yang Dicambuk dan Menumpahkan DarahNya

Sebelum disalib, Yesus dicambuk oleh askar Rom dan menumpahkan darahNya di hadapan Pontius Pilate. Askar Rom pada waktu itu amat sihat, kuat dan terlatih. Mereka adalah askar sebuah empayar yang memerintah dunia pada waktu itu. Kesakitan yang dialami Yesus apabila askar yang kuat ini menanggalkan pakaian dan mencambukNya tidak dapat digambarkan dengan kata-kata. Pada setiap sebatan, cemeti melilit pada tubuh Yesus dan mengoyakkan dagingNya, dan darah menitis dari tubuhNya.

Mengapakah Yesus, Anak Tuhan yang tiada dosa, kesalahan atau kekurangan, disebat dengan kejam dan menumpahkan darah untuk kita yang berdosa? Dalam kejadian ini terselit makna rohani yang mendalam dan takdir Tuhan yang hebat.

1 Petrus 2:24 menceritakan tentang luka Yesus yang telah sembuh. Yesaya 53:5 menyatakan tentang sebatan yang pulih. Kira-kira 2,000 tahun lalu, Yesus Anak Tuhan disebat untuk menebus kita daripada penderitaan penyakit dan darah yang ditumpahkanNya adalah untuk dosa kita yang tidak hidup berpandukan Firman Tuhan. Apabila kita percaya dengan Yesus yang dicambuk dan berdarah, kita sudah akan dibebaskan daripada penyakit dan disembuhkan. Ini adalah tanda kasih sayang dan kebijaksanaan Tuhan.

Oleh itu, jika anda menderita penyakit sebagai anak Tuhan,

bertaubatlah daripada dosa dan percaya bahawa anda telahpun disembuhkan. Disebabkan *"Iman adalah dasar dari segala sesuatu yang kita harapkan dan bukti dari segala sesuatu yang tidak kita lihat"* (Ibrani 11:1), walaupun jika anda berasa sakit di bahagian tubuh yang berpenyakit, berdasarkan keimanan dengan mana anda boleh berkata "Saya telahpun disembuhkan," dan ia akan disembuhkan tidak lama lagi.

Semasa saya berada di sekolah menengah, salah satu tulang rusuk saya cedera dan kadang kala kesakitan ini datang dan ia amat dahsyat sehingga saya sukar bernafas. Setahun atau dua selepas saya menerima Yesus Kristus, kesakitan ini datang apabila saya cuba mengangkat objek berat dan saya tidak dapat melangkah setapak pun. Namun demikian, kerana saya telah mempunyai pengalaman dan percaya dengan kuasa Tuhan yang Maha Berkuasa, saya berdoa dengan khusyuk, "Apabila saya bergerak selepas berdoa, saya percaya bahawa kesakitan akan hilang dan saya akan dapat berjalan." Kerana saya hanya percaya kepada Tuhan yang Maha Berkuasa dan melupakan kesakitan, saya dapat berdiri dan berjalan. Ia seolah-olah kesakitan ini hanya bayangan saya semata-mata.

Seperti yang dinyatakan oleh Yesus dalam Markus 11:24, *"Kerana itu Aku berkata kepadamu: apa saja yang kamu minta dan doakan, percayalah bahawa kamu telah menerimanya, maka hal itu akan diberikan kepadamu,"* jika kita percaya bahawa kita telah disembuhkan, kita pasti akan menerima penyembuhan berdasarkan keimanan kita. Namun, jika kita fikir kita masih belum disembuhkan kerana kesakitan yang masih ada, penyakit ini tidak akan disembuhkan. Dalam kata lain, hanya apabila kita keluar daripada rangka fikiran sendiri, segala-galanya akan dilaksanakan berdasarkan keimanan.

Itu sebabnya Tuhan memberitahu kita bahawa minda yang berdosa adalah berbahaya terhadap Tuhan (Roma 8:7), dan menggesa kita untuk menawan semua fikiran dan menjadikannya patuh kepada Tuhan (2 Korintus 10:5). Selain itu, dalam Matius 8:17 kita dapati bahawa Yesus telah menanggung semua kelemahan dan penyakit kita. Jika anda fikir 'Saya lemah,' anda akan kekal lemah. Namun, tidak kira betapa sukar dan memenatkan hidup anda, jika lidah mengakui, "Saya mempunyai dalam diri kuasa dan kasih kurnia Tuhan dan untuk Roh Kudus yang mengawal saya, saya tidak penat," kepenatan akan pudar dan anda akan menjadi seorang yang bertenaga.

Jika kita percaya kepada Yesus Kristus yang menanggung kelemahan dan penyakit kita, kita perlu ingat bahawa tiada alasan untuk kita menderitai penyakit.

Apabila Yesus melihat keimanan mereka

Memandangkan kini kita telah disembuhkan daripada penyakit oleh Yesus, apa yang kita perlukan adalah keimanan dengan mana kita dapat mempercayai hal ini. Hari ini, ramai orang yang tidak percaya dengan Yesus Kristus datang di hadapanNya dengan penyakit mereka. Sesetengah orang disembuhkan sedikit selepas mereka menerima Yesus Kristus manakala orang lain tidak menunjukkan apa-apa perubahan walaupun selepas berdoa selama berbulan-bulan. Orang jenis ini perlu meneliti kembali keimanan mereka.

Seperti kisah yang diceritakan dalam Markus 2:1-12, mari kita teliti bagaimana paralitik dan empat orang kawannya menunjukkan keimanan mereka, menyebabkan tangan penyembuh Yesus untuk membebaskannya daripada penyakit, dan memberi keagungan kepada Tuhan.

Semasa Yesus melawat Kapernaum, berita kedatangannya tersebar dengan pantas dan ramai orang berkumpul. Yesus berdakwah kepada mereka tentang Firman Tuhan – kebenaran – dan orang ramai memberikan perhatian, dan tidak mahu tertinggal walau sepatah kata dari Yesus. Waktu itu, empat orang lelaki membawa bersama mereka seorang paralitik di atas tikar tetapi disebabkan terlalu ramai orang, mereka tidak dapat membawanya lebih dekat dengan Yesus.

Namun, mereka tidak berputus asa. Sebaliknya, mereka naik ke bumbung rumah di mana Yesus tinggal, membuat lubang di atasNya, dan menurunkan tikar dengan paralitik yang terbaring di atasnya. Apabila Yesus melihat keimanan mereka, dia berkata kepada paralitik, "Anak, dosamu diampunkan...bangun, bawa tikar ini dan pulang ke rumah," dan paralitik menerima penyembuhan seperti mana yang dia inginkan. Apabila dia membawa tikar dan berjalan keluar di hadapan smeua orang, khalayak yang hadir amat terkejut dan memberikan keagungan kepada Tuhan.

Paralitik ini menderita penyakit yang teruk dan tidak dapat bergerak sendiri. Apabila dia mendengar khabar tentang Yesus, yang telah membuka mata orang buta, menyebabkan orang cacat dapat berjalan, menyembuhkan pesakit kusta, menghalau syaitan, dan menyembuhkan banyak penyakit lain, dia benar-benar terdesak mahu berjumpa dengan Yesus. Kerana dia mempunyai hati yang baik, apabila paralitik mendengar berita baik ini, dia ingin bertemu dengan Yesus apabila dia mengetahui di mana Yesus akan berada.

Kemudian suatu hari, paralitik mendengar khabar bahawa Yesus telah datang ke Kapernaum. Dapatkah anda bayangkan kegembiraannya apabila mendengar berita ini? Dia meminta pertolongan kawannya, yang juga mempunyai keimanan, dan mereka dengan sukarela membantunya. Ini kerana kawan paralitik ini juga telah mendengar khabar tentang Yesus, dan apabila kawan mereka meminta mereka membawanya bertemu Yesus, mereka bersetuju.

Jika kawannya menolak permintaannya dan memperlekehkannya dengan berkata "Takkan kamu percaya dengan perkara begini walaupun kamu tidak pernah melihatnya sendiri?" mereka tentu tidak akan bersusah-payah membantunya. Namun, kerana mereka juga mempunyai keimanan, mereka membawa kawan mereka dengan mengusungnya di atas tikar, dan juga bersusah-payah membuat lubang di bumbung.

Setelah melalui perjalanan yang sukar dan melihat betapa ramainya orang yang hadir, serta sukar untuk bergerak ke hadapan untuk berada lebih dekat dengan Yesus, tentu sekali mereka berasa risau dan putus asa. Mereka tentu meminta dan merayu untuk dapat bergerak ke hadapan. Namun, disebabkan terlalu ramai orang yang berkumpul, mereka tidak dapat bergerak ke depan dan menjadi bertambah terdesak. Akhirnya, mereka mengambil keputusan untuk naik ke bumbung rumah di mana Yesus tinggal, membuat lubang, dan menurunkan kawan mereka yang terbaring di atas tikar di hadapan Yesus. Paralitik ini datang dan bertemu Yesus, dan berada lebih dekat dengannya berbanding orang lain yang hadir. Melalui kisah ini, kita dapat pelajari tentang kesungguhan paralitik dan kawan-kawannya yang begitu ingin bertemu Yesus.

Kita perlu sedari bahawa paralitik dan kawan-kawannya bukan hanya sekadar bertemu Yesus. Mereka begitu bersusah-payah untuk bertemu denganNya walaupun hanya pernah mendengar cerita tentangNya memberitahu kita bahawa mereka percaya dengan kisah tentang Yesus dan mesej yang diajarkanNya. Tambahan pula, dengan mengatasi kesukaran begini, serta berusaha mendekati Yesus dengan agresif, paralitik dan kawan-kawannya menunjukkan sikap merendah diri apabila mereka bertemu denganNya.

Apabila orang ramai melihat paralitik dan kawan-kawannya naik ke bumbung dan membuat lubang, mereka boleh menegur mereka atau menjadi marah. Mungkin satu kejadian yang tidak diingini akan berlaku. Namun, bagi lima orang ini, tiada sesiapa atau apapun dapat menghalang mereka. Apabila mereka bertemu Yesus, paralitik akan disembuhkan dan mereka akan dapat membaiki bumbung rumah atau membayar pampasan untuk membaikinya.

Namun, di kalangan orang yang menderitai penyakit serius hari ini, tidak ramai pesakit atau ahli keluarga mereka yang mempunyai keimanan. Mereka tidak akan berusaha dengan agresif untuk bertemu Yesus, sebaliknya berkata, "Saya sakit teruk, saya memang nak pergi tetapi tidak larat," atau "Ahli keluarga saya ini lemah dan itu sebabnya dia tidak boleh digerakkan." Sungguh menyedihkan melihatkan orang yang begitu pasif yang hanya menunggu epal jatuh dari pokok ke dalam mulut mereka. Manusia begini tidak mempunyai keimanan yang cukup.

Jika mereka mengakui keimanan kepada Tuhan, ia mesti disertai kesungguhan yang mana mereka dapat menunjukkan keimanan. Manusia tidak dapat mengalami kerja Tuhan dengan keimanan yang diterima dan disimpan hanya sebagai pengetahuan. Hanya apabila dia menunjukkan keimanan dalam amalan, barulah keimanannya menjadi keimanan yang hidup dan asas kepada iman untuk menerima keimanan rohani yang diberikan Tuhan akan dibina. Oleh itu, sama seperti paralitik yang menerima kerja penyembuhan Tuhan berdasarkan asas keimanannya, kita juga mesti bijak dan menunjukkan Tuhan asas keimanan kita – keimanan sendiri – supaya kita juga akan dapat menjalani kehidupan yang mana kita menerima keimanan rohani yang diberikan Tuhan dan mengalami mukjizatnya.

Dosa anda diampunkan

Bagi paralitik yang datang bertemu Yesus dengan bantuan empat orang kawannya, Yesus berkata, "Wahai anak, dosa kamu diampunkan," dan menyelesaikan masalah dosa. Kita tidak dapat menerima jawapan apabila ada dinding dosa di antara dirinya dan Tuhan, Yesus pada mulanya menyelesaikan masalah dosa bagi paralitik, yang telah datang bertemuNya dengan asas keimanan.

Jika kita benar-benar mengakui keimanan terhadap Tuhan, Alkitab memberitahu kita jenis sikap yang perlu untuk berhadapan denganNya dan bagaimana kita harus bertindak. Dengan mematuhi perintah seperti, "Lakukan," "Jangan Lakukan," "Lakukan," "Singkirkan," dan sebagainya, seorang manusia yang tidak benar akan berubah menjadi manusia yang benar, dan seorang penipu akan berubah menjadi orang yang jujur dan benar. Apabila kita mematuhi Firman kebenaran, dosa kita akan dibersihkan dengan darah Yesus, dan apabila kita menerima pengampunan, perlindungan dan jawapan daripada Tuhan akan datang dari atas.

In kerana semua penyakit berpunca daripada dosa, dan

apabila masalah dosa telah diselesaikan, keadaan di mana kerja Tuhan dapat ditunjukkan akan tersedia. Sama seperti mentol yang menyala dan mesin yang beroperasi apabila elektrik melalui anod dan keluar dari katod, apabila Tuhan melihat asas keimanan seseorang, Dia akan memberikan pengampunan dan memberikan keimananNya dari atas, dan oleh itu menghasilkan mukjizat.

"Bangun, angkat katil kamu dan pulanglah." Bukankah kata-kata ini amat menyenangkan? Apabila melihat keimanan paralitik dan empat orang kawannya, Yesus menyelesaikan masalah dosa dan paralitik dapat berjalan dengan serta-merta. Setelah begitu lama berharap, dia menjadi pulih semula. Dengan cara yang sama, kita berharap dapat menerima jawapan bukan sahaja untuk penyakit tetapi masalah lain yang kita ada, kita perlu ingat bahawa kita perlu menerima pengampunan dan menjadikan hati kita bersih terlebih dahulu.

Apabila manusia mempunyai keimanan yang kurang, mereka mungkin akan mencari penyelesaian terhadap penyakit mereka dengan bergantung kepada ubat dan doktor, tetapi sekarang apabila keimanan mereka telah bertambah dan mereka mengasihi Tuhan serta hidup berdasarkan FirmanNya, penyakit tidak akan datang kepada mereka. Walaupun mereka jatuh sakit, mereka akan menilai diri, bertaubat dari lubuk hati mereka, dan meninggalkan amalan dosa. Mereka akan sembuh dengan segera. Saya tahu ramai daripada anda pernah melalui pengalaman begini.

Tidak lama dahulu, seorang pegawai gereja saya mengalami masalah cakera tulang belakang retas, dan dia tidak dapat bergerak. Dia dengan serta-merta menilai diri dan kehidupannya, bertaubat, dan menerima doa saya. Kerja penyembuhan Tuhan berlaku dengan serta-merta dan dia kembali sihat. Apabila anak perempuannya mengalami demam, ibunya menyedari bahawa sifat panas barannya yang merupakan punca penderitaan anaknya, dan apabila dia bertaubat, anaknya menjadi sihat semula.

Untuk menyelamatkan manusia, yang disebabkan keingkaran Adam, kini berada di jalan kemusnahan, Tuhan menghantarkan Yesus Kristus ke dunia, dan membenarkanNya disumpah dan disalib di atas salib kayu bagi pihak kita. Itu sebabnya Alkitab menyatakan, *"dan tanpa penumpahan darah tidak ada pengampunan,"* (Ibrani 9:22) dan *"Terkutuklah orang yang digantung pada kayu salib"* (Galatia 3:13).

Kini kita tahu bahawa masalah penyakit berpunca daripada dosa, kita perlu bertaubat dan percaya kepada Yesus Kristus yang menebus kita daripada semua penyakit, dan dengan keimanan ini kita akan menjalani kehidupan yang sihat. Ramai penganut hari ini mengalami penyembuhan, mengakui kuasa Tuhan, dan menjadi saksi kepada Tuhan yang hidup. Ini menunjukkan kepada kita bahawa bagi sesiapa yang menerima Yesus Kristus dan meminta atas namaNya, semua masalah penyakit akan dijawab. Tidak kira betapa serius penyakit seseorang, jika dia percaya dalam hatinya dengan Yesus Kristus yang dicambuk dan menumpahkan darahNya, kerja penyembuhan Tuhan yang menakjubkan akan terlaksana.

Iman yang Disempurnakan oleh Amalan

Seperti paralitik yang menerima penyembuhan dengan bantuan empat orang sahabatnya selepas mereka menunjukkan keimanan kepada Yesus, jika kita mahu mendapat apa yang diinginkan, kita juga perlu menunjukkan Tuhan keimanan yang disertai amalan, dan menetapkan asas keimanan. Untuk membantu pembaca memahami lebih lanjut tentang "keimanan," saya akan memberikan penjelasan ringkas.

Dalam hidup seseorang bersama Kristus, "keimanan" dapat dibahagikan dan diterangkan dalam dua kategori. "Keimanan badaniah" atau "keimanan pengetahuan" merujuk kepada jenis keimanan di mana seseorang percaya disebabkan bukti fizikal dan Firman yang selari dengan pengetahuan dan pemikirannya. Sebaliknya, "keimanan rohani" adalah jenis keimanan di mana seseorang itu percaya walaupun dia tidak dapat melihat dan Firman tidak selari dengan pengetahuan dan fikirannya.

Dengan "keimanan badaniah," seseorang percaya bahawa sesuatu yang nyata diciptakan hanya daripada sesuatu yang nyata juga. Dengan "keimanan rohani" yang tidak dapat dimiliki jika seseorang mempertimbangkan fikiran dan pengetahuannya sendiri, dia percaya bahawa sesuatu yang nyata dapat dicipta daripada sesuatu yang ghaib. Keimanan ini memerlukan seseorang untuk memusnahkan pengetahuan dan fikirannya.

Sejak lahir, banyak pengetahuan disimpan dalam otak setiap manusia. Perkara yang dia lihat dan dengar akan disimpan. Perkara yang dipelajari di rumah dan sekolah akan disimpan. Perkara yang dipelajari dalam pelbagai persekitaran dan keadaan akan disimpan. Namun, memandangkan bukan semua pengetahuan yang disimpan adalah benar, jika ada yang bercanggah dengan Firman Tuhan, kita perlu menyingkirkannya. Contohnya, dia sekolah dia belajar bahawa setiap benda hidup yang telah berpecah atau berevolusi daripada monad menjadi organisma pelbagai sel, tetapi dalam Alkitab dia belajar bahawa semua benda hidup diciptakan berdasarkan jenis masing-masing oleh Tuhan. Apa yang patut dia lakukan? Kesilapan teori evolusi telah didedahkan oleh sains sendiri, berkali-kali. Bagaimana mungkin, walaupun dengan hujah manusia sendiri, untuk seekor monyet berevolusi menjadi manusia dan katak berevolusi menjadi sejenis burung dalam tempoh berjuta-juta tahun? Logik sendiri pun berpihak kepada penciptaan.

Sama juga, apabila "keimanan badaniah" ditukarkan menjadi "keimanan rohani," apabila keraguan anda disingkirkan, anda akan berdiri di atas batu keimanan. Selain itu, jika anda mengakui keimanan terhadap Tuhan, anda kini perlu mengamalkan Firman yang anda telah simpan sebagai pengetahuan. Jika anda mengaku percaya kepada Tuhan, anda perlu menunjukkan diri sebagai cahaya dengan menghormati Hari Suci Tuhan, mengasihi jiran dan mematuhi Firman kebenaran.

Jika paralitik dalam Markus 2 duduk di rumah sahaja, dia tidak akan disembuhkan. Namun, disebabkan dia percaya yang dia akan sembuh apabila dia bertemu Yesus, dan menunjukkan keimanan dengan menggunakan semua jalan yang ada, paralitik ini telah menerima penyembuhan. Katakanlah seorang yang mahu membina rumah hanya berdoa, "Tuhan, saya percaya bahawa rumah ini akan dibina," seratus atau seribu doa tidak akan menyebabkan rumah ini terbina dengan sendiri. Dia perlu melakukan kerja dengan menyediakan asas, menggali tapak, menaikkan tiang, dan lain-lain; dalam erti kata lain, "amalan" perlu dilakukan.

Jika anda atau sesiapa dalam keluarga anda menderitai penyakit, percayalah bahawa Tuhan akan memberikan keampunan dan menunjukkan kerja penyembuhan apabila Dia melihat semua orang dalam keluarga bersatu dalam kasih sayang, kesatuan yang dianggapNya sebagai asas keimanan. Ada orang menyatakan bahawa ada masa untuk semua perkara, dan ada masa untuk penyembuhan juga. Namun, ingatlah bahawa "masa" ini adalah apabila manusia menetapkan asas keimanan di hadapan Tuhan.

Semoga anda menerima jawapan kepada penyakit dan

perkara lain yang anda minta, dan memberikan keagungan kepada Tuhan, dengan nama Tuhan saya berdoa!

Bab 5

Kuasa Menyembuhkan Penyakit

Matius 10:1

Yesus memanggil kedua belas murid-Nya dan memberi kuasa kepada mereka untuk mengusir roh-roh jahat dan untuk melenyapkan segala penyakit dan segala kelemahan.

Kuasa untuk Menyembuhkan Penyakit dan Kelemahan

Ada banyak cara untuk membuktikan kewujudan Tuhan yang hidup kepada orang yang tidak percaya, dan penyembuhan penyakit adalah salah satu caranya. Apabila orang yang mempunyai penyakit yang tidak dapat diubati dan membawa maut, yang mana tiada harapan untuk sembuh menggunakan sains perubatan, menerima penyembuhan, mereka tidak dapat lagi menafikan kuasa Tuhan Pencipta tetapi akan percaya dengan kuasa dan memberikan keagungan kepadaNya.

Walaupun mereka mempunyai kekayaan, kuasa, pengetahuan dan terkenal, ramai manusia hari ini tidak dapat menyelesaikan masalah penyakit dan hidup dalam kesakitan. Walaupun banyak penyakit tidak dapat disembuhkan walaupun dengan sains perubatan yang paling maju, apabila manusia percaya dengan Tuhan yang Maha Kuasa, dan menyerahkan masalah penyakit kepadaNya, semua penyakit yang membawa maut dapat disembuhkan. Tuhan kita adalah Tuhan yang Maha Wujud, yang mana tiada apa yang mustahil, dan dapat mencipta sesuatu daripada tiada apa-apa, dan mampu membuatkan ranting kering bertunas (Bilangan 17:8), dan menghidupkan semula orang yang mati (Yohanes 11:17-14).

Kuasa Tuhan kita akan dapat menyembuhkan segala jenis penyakit dan kesakitan. Dalam Matius 4:23 kita dapati, *"Yesus pun berkeliling di seluruh Galilea; Ia mengajar dalam rumah-*

rumah ibadat dan memberitakan Injil Kerajaan Tuhan serta melenyapkan segala penyakit dan kelemahan di antara bangsa itu," dan dalam Matius 8:17, kita membaca bahawa, *"Hal itu terjadi supaya genaplah firman yang disampaikan oleh nabi Yesaya: 'Dialah yang memikul kelemahan kita dan menanggung penyakit kita.'"* Dalam ayat-ayat ini, "penyakit," "kesakitan" dan "kelemahan" telah disebutkan.

Di sini, "kelemahan" bukanlah merujuk kepada penyakit ringan seperti selesema atau penyakit disebabkan keletihan. Ia adalah keadaan tidak normal yang mana fungsi tubuh atau anggota badan seseorang, atau organnya menjadi lumpuh atau merosot disebabkan kemalangan atau kesilapan dirinya atau ibu bapa. Contohnya, orang yang bisu, pekak, buta dan cacat, mengalami kecacatan sejak lahir (atau dinamakan polio), dan yang lain-lain – orang yang tidak dapat disembuhkan dengan pengetahuan manusia – boleh dikelaskan sebagai "kelemahan." Selain keadaan yang disebabkan oleh kemalangan atau kesilapan ibu bapa atau diri sendiri, seperti kisah lelaki yang dilahirkan buta dalam Yohanes 9:1-3, ada orang yang menderita kelemahan supaya keagungan Tuhan dapat ditunjukkan. Namun, ini adalah kes yang amat jarang berlaku dan disebabkan kesilapan manusia.

Apabila manusia bertaubat dan menerima Yesus Kristus apabila mereka mencari kepercayaan dalam Tuhan, Dia memberikan mereka Roh Kudus sebagai hadiah. Bersama dengan Roh Kudus mereka juga mendapat hak untuk menjadi anak Tuhan. Apabila Roh Kudus bersama mereka, melainkan dalam kes yang teruk dan serius, kebanyakan penyakit akan disembuhkan. Mereka telah menerima Roh Kudus dan ini sudah cukup untuk membenarkan api Roh Kudus untuk turun ke atas mereka dan membakar penyakit mereka. Selain itu, walaupun jika seseorang mempunyai penyakit kritikal, apabila dia berdoa dengan penuh khusyuk dan keimanan, merobohkan dinding dosa di antara dirinya dengan Tuhan, berpaling daripada dosa dan bertaubat, dia akan menerima penyembuhan menurut kadar keimanannya.

"Api Roh Kudus" merujuk kepada pembaptisan api yang berlaku selepas seseorang menerima Roh Kudus, dan pada mata Tuhan ini adalah kuasaNya. Apabila mata rohani Yohanes Pembaptis dibuka dan dia melihat, dia menerangkan api Roh Kudus sebagai "api pembaptisan." Dalam Matius 3:11, Yohanes Pembaptis berkata, *"Aku membaptis kamu dengan air sebagai tanda pertaubatan, tetapi Ia yang datang kemudian dari padaku lebih berkuasa dari padaku dan aku tidak layak melepaskan kasutNya. Ia akan membaptiskan kamu dengan Roh Kudus dan dengan api."* Api pembaptisan tidak datang pada bila-bila masa tetapi hanya apabila seseorang dipenuhi dengan Roh Kudus. Sejak api Roh Kudus akan sentiasa turun kepadanya yang dipenuhi dengan Roh Kudus, semua dosa dan penyakitnya akan dibakar dan dia akan menjalani kehidupan yang sihat.

Apabila api pembaptisan membakar sumpahan penyakit, kebanyakan penyakit akan disembuhkan; kelemahan, tidak dapat dibakar walaupun oleh api pembaptisan. Jadi, bagaimana kelemahan dapat disembuhkan?

Semua kelemahan dapat disembuhkan hanya dengan kuasa yang diberikan oleh Tuhan. Itu sebabnya kita dapati dalam Yohanes 9:32-33, *"Dari dahulu sampai sekarang tidak pernah terdengar, bahawa ada orang yang mencelikkan mata orang yang lahir buta. Jikalau orang itu tidak datang dari Tuhan, Ia tidak dapat berbuat apa-apa."*

Dalam Kisah Para Rasul 3:1-10 ada kisah di mana Petrus dan Yohanes, yang kedua-duanya telah menerima kuasa Tuhan, membantu orang yang cacat sejak lahir yang mengemis di tepi kuil yang dinamakan "Indah," untuk berdiri. Apabila Petrus berkata kepadanya dalam Ayat 6, *"Emas dan perak tidak ada padaku, tetapi apa yang kupunyai, kuberikan kepadamu: Demi nama Yesus Kristus, orang Nazaret itu, berjalanlah!"* dan dia memegang lengan kanan orang cacat itu, dengan serta-merta kaki dan pergelangan kakinya menjadi kuat dan dia mula memuji Tuhan. Apabila orang ramai melihat lelaki ini yang dahulunya cacat dapat berjalan dan memuji Tuhan, mereka dipenuhi dengan kehairanan dan kekaguman.

Jika seseorang ingin menerima penyembuhan, dia mesti memiliki keimanan yang mana dia percaya dengan Yesus Kristus. Walaupun orang yang cacat ini hanyalah seorang pengemis, disebabkan dia percaya dengan Yesus Kristus, dia dapat menerima penyembuhan apabila orang yang telah mendapat kuasa Tuhan berdoa untuknya. Itu sebabnya Alkitab menyatakan, *"Dan kerana kepercayaan dalam Nama Yesus, maka Nama itu telah menguatkan orang yang kamu lihat dan kamu kenal ini; dan kepercayaan itu telah memberi kesembuhan kepada orang ini di depan kamu semua"* (Kisah Para Rasul 3:16).

Dalam Matius 10:1, kita dapat Yesus memberikan para hawarinya kuasa menentang roh kotor, menyingkirkannya, dan menyembuhkan semua jenis kesakitan dan semua jenis penyakit. Pada zaman Perjanjian Lama, Tuhan memberikan kuasa untuk menyembuhkan orang yang lemah kepada nabi-nabi termasuklah Musa, Elias, dan Elisha; pada masa Perjanjian Baru, kuasa Tuhan berada bersama hawari seperti Petrus dan Paulus dan orang yang setia seperti Stefanus dan Filipa.

Apabila seseorang menerima kuasa Tuhan, tiada apa yang mustahil kerana dia dapat membantu orang cacat, menyembuhkan orang yang lumpuh sejak lahir dan membolehkan mereka berjalan, membantu orang buta melihat, membuka pendengaran orang pekak, dan menyembuhkan lidah orang bisu.

Pelbagai Cara untuk Menyembuhkan Orang yang Lemah

1. Kuasa Tuhan Menyembuhkan Orang Pekak dan Orang Bisu

Dalam Markus 7:31-37 ada kisah di mana kuasa Tuhan menyembuhkan seorang lelaki yang pekak dan bisu. Apabila orang ramai membawa lelaki ini bertemu Yesus dan merayu supaya Dia meletakkan tanganNya pada lelaki ini, Yesus membawa lelaki ini ke tepi dan meletakkan jariNya ke dalam telinga lelaki ini. Dia kemudian berludah dan menyentuh lidah lelaki ini. Dia mendongak ke syurga dan dengan keluhan berkata, 'Ephphatha!' (yang bermakna, 'Sembuhlah!'). Dengan serta-merta, telinganya dibuka, lidahnya lembut dan dia mula bercakap.

Dapatkah Tuhan, yang menciptakan alam semesta dengan FirmanNya, menyembuhkan lelaki ini dengan FirmanNya juga? Mengapakah Yesus meletakkan jariNya ke dalam telinga lelaki ini? Memandangkan orang yang pekak tidak dapat mendengar bunyi dan berkomunikasi dengan bahasa isyarat, lelaki ini tentu tidak mempunyai keimanan seperti orang lain jika Yesus hanya bercakap dengan bunyi. Yesus tahu lelaki ini kurang keimanan, jadi Dia memasukkan jarinya ke dalam telinga supaya melalui sentuhan jari, dia mungkin akan memiliki keimanan dengan mana dia dapat disembuhkan. Elemen paling penting adalah keimanan dengan mana seseorang percaya bahawa dia dapat disembuhkan. Yesus dapat menyembuhkan lelaki ini dengan FirmanNya tetapi disebabkan dia tidak dapat mendengar, Yesus menanamkan keimanan dan membolehkan dia menerima penyembuhan menggunakan kaedah ini.

Jadi, mengapakah Yesus berludah dan menyentuh lidah

lelaki ini? Yesus berludah dan kita tahu bahawa roh jahat telah menyebabkan lelaki ini menjadi bisu. Jika seseorang berludah di muka anda tanpa sebab tertentu, bagaimanakah anda akan menerimanya? Ini adalah tindakan kurang ajar dan tidak bermoral yang tidak mengambil kira sifat-sifat seseorang. Memandangkan berludah secara umumnya melambangkan kurang hormat dan penghinaan kepada seseorang, Yesus juga berludah untuk menghalau roh jahat ini.

Dalam Kejadian, dapati Tuhan menyumpah ular untuk makan debu sepanjang hidupnya. Dalam kata lain, ini merujuk kepada sumpahan Tuhan terhadap musuh iaitu iblis dan Syaitan, yang telah menghasut ular untuk menjadikan manusia yang diciptakan daripada debu, sebagai mangsa. Oleh itu, sejak zaman Adam, iblis telah cuba untuk menjadikan manusia mangsa dan mencari setiap peluang untuk menyeksa dan membinasakan manusia. Seperti lalat, nyamuk dan ulat yang hidup di tempat kotor, iblis tinggal dalam hati manusia yang dipenuhi dosa, kejahatan, panas baran dan menguasai minda mereka. Kita perlu sedar bahawa hanya orang yang hidup dan bertindak berdasarkan Firman Tuhan akan dapat disembuhkan daripada penyakit mereka.

2. Kuasa Tuhan Menyembuhkan Orang Buta

Dalam Markus 8:22-25, ada disebutkan:

Kemudian tibalah Yesus dan murid-muridNya di Betsaida. Di situ orang membawa kepada Yesus seorang buta dan mereka memohon kepadaNya, supaya Ia menyentuh dia. Yesus memegang tangan orang buta itu dan membawa dia ke luar kampung. Lalu Ia meludahi mata orang itu dan meletakkan tanganNya atasnya, dan bertanya: "Sudahkah kau lihat sesuatu?" Orang itu memandang ke depan, lalu berkata: "Aku melihat orang, sebab melihat mereka berjalan-jalan, tetapi tampaknya seperti pohon-pohon." Yesus meletakkan lagi tanganNya pada mata orang itu, maka orang itu sungguh-sungguh melihat dan telah sembuh, sehingga ia dapat melihat segala sesuatu dengan jelas.

Apabila Yesus berdoa untuk orang buta ini, Dia meludah ke matanya. Mengapakah orang buta ini tidak dapat melihat pada kali pertama Yesus berdoa untuknya, tetapi hanya kali kedua? Dengan kuasaNya, Yesus dapat menyembuhkan orang buta dengan sempurna tetapi kerana dia tidak mempunyai keimanan yang kuat, Yesus berdoa untuk kali kedua dan membantunya untuk memiliki keimanan. Melalui hal ini, Yesus mengajarkan kita bahawa sesetengah orang tidak akan dapat menerima penyembuhan pada kali pertama mereka menerima doa. Kita perlu berdoa untuk mereka dua kali, tiga kali, malah empat kali sehingga benih keimanan, yang membolehkan mereka percaya dengan penyembuhan, akan dapat ditanam.

Bagi Yesus, yang mana tiada apa pun mustahil, berdoa dan berdoa lagi apabila Dia mengetahui bahawa orang buta ini tidak dapat disembuhkan dengan keimanannya sendiri. Apa yang kita perlu lakukan? Dengan lebih banyak meminta dan berdoa, kita perlu bertahan sehingga kita menerima penyembuhan.

Dalam Yohanes 9:6-9, ada seorang lelaki yang dilahirkan buta yang menerima penyembuhan selepas Yesus meludah di tanah, membuat tanah liat dengan air ludahnya, dan menepekkan lumpur pada mata orang ini. Mengapakah Yesus menyembuhkannya dengan meludah di tanah, membuat lumpur dengan air ludahnya, dan menepekkan ke matanya? Air ludah ini tidak merujuk kepada apa-apa yang kotor; Yesus meludah ke tanah supaya dia dapat membuat lumpur dan menepekkannya pada mata lelaki buta ini. Yesus membuat lumpur dengan air ludahnya kerana air sukar didapati. Jika anak-anak mempunyai luka atau bengkak disebabkan gigitan serangga, ibu bapa lazimnya meletakkan air liur mereka sendiri dengan penuh kasih sayang. Kita perlu memahami kasih sayang Yesus yang menggunakan pelbagai cara untuk membantu orang yang lemah untuk mendapatkan keimanan.

Apabila Yesus meletakkan lumpur pada mata orang buta, dia merasakan sensasi lumpur dalam matanya, dan mendapat keimanan dengan mana dia dapat disembuhkan. Selepas Yesus memberikan keimanan kepada orang buta yang mempunyai keimanan yang lemah, dengan kuasaNya Dia membuka mata lelaki ini.

Yesus memberitahu kita, *"Jika kamu tidak melihat tanda dan mukjizat, kamu tidak percaya"* (Yohanes 4:48). Hari ini, mustahil kita dapat membantu orang untuk memiliki jenis keimanan dengan mana dia dapat percaya hanya dengan Firman dalam Alkitab, tanpa menyaksikan keajaiban penyembuhan dan mukjizat. Pada zaman di mana sains dan pengetahuan manusia telah begitu maju, amat sukar untuk memiliki keimanan rohani untuk percaya dengan Tuhan yang ghaib. "Untuk percaya kita mesti melihat," adalah kata-kata yang selalu kita dengar. Sama juga, disebabkan keimanan manusia akan bertambah dan kerja penyembuhan akan berlaku dengan lebih apabila melihat bukti nyata Tuhan yang hidup, "tanda dan mukjizat ajaib" amat diperlukan.

3. Kuasa Tuhan Menyembuhkan Orang Cacat

Seperti Yesus menyampaikan ajaran Berita Baik dan menyembuhkan manusia yang menderitai segala jenis penyakit dan kesakitan, para hawariNya juga menunjukkan kuasa Tuhan.

Apabila Petrus memerintahkan pengemis cacat, "Dengan nama Yesus Kristus dari Nazaret, berjalanlah" dan memegang tangan kanannya, dengan serta-merta kaki dan pergelangan kakinya menjadi kuat, dan dia melompat dan mula berjalan (Kisah Para Rasul 3:6-10). Apabila orang ramai melihat tanda dan mukjizat ajaib yang ditunjukkan oleh Petrus selepas menerima kuasa Tuhan, lebih ramai orang mula percaya dengan Yesus. Mereka juga membawa orang yang sakit ke jalanan dan membaringkan mereka di atas tilam dan tikar supaya sekurang-kurangnya bayang-bayang Petrus akan terkena pada mereka apabila dia melintasi mereka. Orang ramai datang dari bandar sekitar Yerusalem, membawa orang sakit dan orang yang diseksa oleh makhluk halus, dan semuanya disembuhkan (Kisah Para Rasul 5:14-16).

Dalam Kisah Para Rasul 8:5-8 kita dapati, *"Dan Filipus pergi ke suatu kota di Samaria dan memberitakan Mesias kepada orang-orang di situ. Ketika orang banyak itu mendengar pemberitaan Filipus dan melihat tanda-tanda yang ditunjukkannya, mereka semua dengan bulat hati menerima apa yang diberitakannya itu. Sebab dari banyak orang yang kerasukan roh jahat keluarlah roh-roh itu sambil berseru dengan suara keras, dan banyak juga orang lumpuh dan orang tempang yang disembuhkan. Maka sangatlah besar sukacita dalam kota itu."*

Dalam Kisah para rasul 14:8-12, kita membaca tentang lelaki yang cacat kakinya, yang lumpuh dari kecil dan tidak pernah berjalan. Selepas mendengar mesej Paulus dan memiliki keimanan dengan mana dia dapat menerima penyelamatan, apabila Paulus memerintahkan, "Berdiri di atas kaki kamu!" lelaki ini dengan serta-merta melompat dan mula berjalan. Orang yang menyaksikan insiden ini menyatakan bahawa "Tuhan telah datang kepada kita dalam bentuk manusia!"

Dalam Kisah Para Rasul 19:11-12 kita lihat bahawa *"Oleh Paulus Tuhan mengadakan mukjizat-mukjizat yang luar biasa, bahkan orang membawa sapu tangan atau kain yang pernah dipakai oleh Paulus dan meletakkannya atas orang-orang sakit, maka lenyaplah penyakit mereka dan keluarlah roh-roh jahat."* Betapa menakjubkan dan indahnya kuasa Tuhan?

Melalui orang yang hatinya telah mencapai kesucian dan kasih sayang sempurna seperti Petrus, Paulus dan Filipus serta Stefanus, kuasa Tuhan ditunjukkan sehingga hari ini. Apabila manusia datang di hadapan Tuhan dengan keimanan menginginkan kelemahan mereka disembuhkan, mereka akan sembuh dengan menerima dosa daripada hamba Tuhan melalui mana Dia bekerja.

Sejak penubuhan Manmin, Tuhan yang hidup membolehkan saya menunjukkan pelbagai tanda dan mukjizat ajaib, menanam keimanan dalam hati ahli gereja ini, dan membawakan kebangkitan yang hebat.

Ada seorang wanita yang menjadi mangsa penderaan suaminya yang kuat minum. Apabila saraf optiknya lumpuh akibat penderaan fizikal yang teruk, dan doktor telah berputus asa, wanita ini datang ke Manmin selepas mendengar khabar tentangnya. Apabila dia dengan tekun melibatkan diri dalam jemaah doa dan berdoa untuk penyembuhan, dia menerima doa saya dan dapat melihat semula. Kuasa Tuhan telah menyembuhkan saraf optiknya dengan sepenuhnya, yang pada suatu masa dianggap tidak akan sembuh.

Dalam satu kes lain, ada seorang lelaki yang mengalami kecederaan teruk di mana lapan tempat di tulang belakangnya telah remuk. Apabila bahagian bawah tubuhnya menjadi lumpuh, dia hampir-hampir terpaksa memotong kedua-dua belah kakinya. Selepas menerima Yesus Kristus, dia dapat mengelak daripada memotong kaki tetapi terpaksa memakai topong. Kemudian, dia mula menghadiri perjumpaan Pusat Doa Manmin dan tidak lama selepas itu Jemaah Doa Sepanjang Malam Jumaat, selepas menerima doa saya, dia melemparkan topongnya, berjalan di atas kaki sendiri, dan sejak itu dia menjadi pesuruh ajaran.

Kuasa Tuhan dapat menyembuhkan kelemahan dengan sepenuhnya, malah penyakit yang tidak dapat disembuhkan oleh sains perubatan sekalipun. Dalam Yohanes 16:23, Yesus berjanji kepada kita, *"Dan pada hari itu kamu tidak akan menanyakan apa-apa kepadaKu. Aku berkata kepadamu: Sesungguhnya segala sesuatu yang kamu minta kepada Bapa, akan diberikanNya kepadamu dalam namaKu."* Semoga anda percaya dengan keajaiban kuasa Tuhan, mencarinya dengan bersungguh-sungguh, menerima jawapan kepada semua masalah penyakit anda, dan menjadi pesuruh yang membawa Berita Baik Tuhan yang menakjubkan dan hidup, dengan nama Yesus saya berdoa!

Bab 6

Cara-cara Menyembuhkan Orang yang Dirasuki Syaitan

Markus 9:28-29

Ketika Yesus sudah di rumah, dan murid-muridNya sendirian dengan Dia, bertanyalah mereka: "Mengapa kami tidak dapat mengusir roh itu?" JawabNya kepada mereka: "Jenis ini tidak dapat diusir kecuali dengan berdoa."

Pada Hari-hari Akhir Kasih Sayang Menjadi Hambar

Kemajuan tamadun sains moden dan pembangunan industri telah membawa kemakmuran material dan membolehkan manusia mendapat lebih banyak keselesaan dan manfaat. Pada masa yang sama, dua faktor ini telah menyebabkan orang mementingkan diri, membelot, dan berasa rendah diri, apabila kasih sayang semakin berkurangan dan perasaan memahami dan kemaafan semakin luput.

Matius 24:12 meramalkan, *"Dan kerana makin bertambahnya kedurhakaan, maka kasih kebanyakan orang akan menjadi dingin,"* pada masa kejahatan berleluasa dan kasih sayang menjadi dingin, salah satu masalah paling serius dalam masyarakat kita hari ini adalah semakin ramai manusia menderita penyakit mental seperti gangguan jiwa skizofrenia.

Institusi mental mengasingkan banyak pesakit yang tidak dapat menjalani kehidupan normal tetapi mereka masih belum dapat mencari ubat yang sesuai. Jika tiada kemajuan dilihat selepas bertahun-tahun menerima rawatan, keluarga menjadi letih dan banyak kes di mana mereka mereka tidak mengendahkan pesakit atau meninggalkan mereka seperti anak yatim. Pesakit ini, yang tinggal jauh dan tiada keluarga, tidak dapat berfungsi seperti manusia normal. Walaupun mereka memerlukan kasih sayang sebenar daripada orang tersayang, tidak ramai orang yang menunjukkan kasih sayang kepada individu begini.

Kita dapati dalam Alkitab banyak contoh di mana Yesus menyembuhkan orang yang dirasuk syaitan. Mengapakah hal ini dicatatkan dalam Alkitab? Apabila akhir zaman semakin dekat, kasih sayang mula dingin dan Syaitan mengganggu manusia dna menyebabkan mereka mendapat penyakit mental, dan menjadikan mereka anak angkat iblis. Syaitan mengganggu, menyebabkan mereka jatuh sakit, dan mencela minda mereka dengan dosa dan kejahatan. Kerana masyarakat dipenuhi dosa dan kejahatan, manusia dengan mudah akan cemburu, bergaduh, membenci dan membunuh sesama sendiri. Apabila hari-hari terakhir semakin dekat, orang Kristian perlu tahu membezakan antara kebenaran dengan dusta, menjaga keimanan mereka, dan menjalani kehidupan yang sihat secara fizikal dan mental.

Mari kita selidik punca gangguan dan tipu daya Syaitan, serta semakin ramai manusia yang dirasuk Syaitan dan iblis serta menderita penyakit mental dalam masyarakat moden yang semakin maju.

Proses Dirasuk Syaitan

Semua orang mempunyai akal budi dan kebanyakan orang hidup dan berkelakuan menurut akal budi mereka, tetapi standard setiap individu dan kesannya berbeza antara satu sama lain. Ini kerana setiap manusia dilahirkan dan dibesarkan dalam persekitaran dan keadaan berbeza, telah melihat, mendengar dan belajar perkara berbeza daripada ibu bapa, di rumah dan di sekolah, dan mempunyai pengetahuan berbeza.

Firman Tuhan, yang merupakan kebenaran, memberitahu kita, *"Janganlah kamu kalah terhadap kejahatan, tetapi kalahkanlah kejahatan dengan kebaikan"* (Roma 12:21), dan menggesa kita, *"Janganlah kamu melawan orang yang berbuat jahat kepadamu, melainkan siapapun yang menampar pipi kananmu, berilah juga kepadanya pipi kirimu"* (Matius 5:39). Memandangkan Firman mengajarkan tentang kasih sayang dan kemaafan, standard "Kalah adalah kemenangan" terbentuk dalam diri orang yang mempercayainya. Sebaliknya, jika seseorang belajar bahawa kita patut melawan jika diserang, dia akan percaya bahawa melawan adalah tindakan yang berani manakala mengelak daripada berlawan adalah sifat pengecut. Tiga faktor – standard penilaian individu, sama ada seseorang hidup dalam kebenaran atau tidak, dan berapa banyak dia berkompromi dengan dunia – akan membentuk akal budi yang berbeza dalam manusia.

Kerana manusia menjalani kehidupan dengan cara berbeza dan akal budi mereka berbeza, musuh Tuhan iaitu Syaitan menggunakan hal ini untuk menggoda manusia untuk hidup berdasarkan sifat alami dosa, bertentangan dengan kebenaran dan kebaikan, dengan cara membangkitkan fikiran jahat dan memperdayakan mereka untuk berdosa.

Dalam hati manusia ada konflik di antara keinginan Roh

Kudus dengan mana mereka hidup berdasarkan undang-undang Tuhan, dan keinginan sifat alami dosa dengan mana manusia terdorong untuk memenuhi keinginan badaniah. Itu sebabnya Tuhan menggesa kita dalam Galatia 5:16-17, *"Maksudku ialah: hiduplah oleh Roh, maka kamu tidak akan menuruti keinginan daging. Sebab keinginan daging berlawanan dengan keinginan Roh dan keinginan Roh berlawanan dengan keinginan daging, kerana keduanya bertentangan, sehingga kamu setiap kali tidak melakukan apa yang kamu kehendaki."*

Jika kita hidup berdasarkan keinginan Roh Kudus, kita akan mewarisi kerajaan Tuhan; jika kita menurut keinginan sifat alami dosa dan tidak hidup berpandukan Firman Tuhan, kita tidak akan mewarisi kerajaanNya. Itu sebabnya Tuhan memberi amaran dalam Galatia 5:19-21:

> *Perbuatan daging telah nyata, iaitu: pencabulan, kecemaran, hawa nafsu, penyembahan berhala, sihir, perseteruan, perselisihan, iri hati, amarah, kepentingan diri sendiri, perciaeraan, roh pemecah, kedengkian, kemabukan, pesta pora dan sebagainya. Terhadap semuanya itu kuperingatkan kamu-seperti yang telah kubuat dahulu-bahawa barang siapa melakukan hal-hal yang demikian, dia tidak akan mendapat bagian dalam Kerajaan Tuhan.*

Jadi, bagaimanakah manusia dapat dirasuk oleh makhluk

halus?

Melalui pemikiran seseorang, Syaitan merangsang keinginan sifat alami dosa dalam diri manusia yang hatinya dipenuhi sifat alami dosa. Jika dia tidak dapat mengawal minda dan bertindak berdasarkan sifat alami dosa, perasaan bersalah akan bersarang dan hatinya akan bertambah jahat. Apabila tindakan bersifat alami dosa bertambah banyak, akhirnya manusia ini tidak akan dapat mengawal dirinya dan terus melakukan apa sahaja yang diminta oleh Syaitan. Individu ini dianggap telah"dirasuk" oleh Syaitan.

Contohnya, bayangkan ada seorang lelaki yang malas dan tidak suka bekerja, tetapi dia lebih suka minum dan membazir masa. Bagi individu begini, Syaitan akan memperdaya dan mengawal mindanya supaya dia akan terus minum dan membazir masa, dengan memikirkan bahawa bekerja itu perkara yang membebankan. Syaitan juga akan menjauhkan dia daripada kebaikan iaitu kebenaran, merampasnya daripada tenaga untuk membentuk hidupnya, dan menjadikannya seorang yang tidak cekap dan tidak berguna.

Dan dia hidup dan berkelakuan menurut fikiran Syaitan manusia ini tidak dapat lari daripada Syaitan. Selain itu, apabila hatinya bertambah jahat dan dia telah menyerahkan dirinya kepada fikiran jahat, dia tidak mengawal hatinya lagi dan melakukan apa sahaja yang disukainya. Jika dia mahu marah, dia akan marah untuk memuaskan hati; jika dia mahu bergaduh, dia akan bergaduh dan bertengkar sebanyak yang dia suka; jika dia mahu minum, dia tidak akan dapat mengawal diri daripada minum. Apabila hal ini berterusan, dari satu sudut pandangan, dia tidak akan dapat mengawal fikiran dan hatinya dan mendapati semua perkara adalah bertentangan kehendaknya. Selepas proses ini, dia akan menjadi kerasukan syaitan.

Punca kerasukan syaitan

Ada dua sebab utama untuk seseorang diperdaya Syaitan dan akhirnya dirasuk oleh makhluk halus.

1. Ibu bapa

Jika ibu bapa telah meninggalkan Tuhan, menyembah berhala yang dibenci Tuhan dan melakukan sesuatu yang benar-benar jahat, kuasa roh jahat akan memasuki anak-anak mereka dan jika dibiarkan, mereka akan dirasuk oleh makhluk halus. Dalam hal ini, ibu bapa perlu berhadapan dengan Tuhan, bertaubat dengan sesungguhnya atas dosa mereka, berpaling daripada perkara dosa dan merayu kepada Tuhan bagi pihak anak-anak mereka. Tuhan kemudiannya akan melihat ke hati ibu bapa dan menunjukkan kerja penyembuhan, dan melonggarkan rantai ketidakadilan.

2. Diri sendiri

Tidak kira apakah dosa ibu bapa, seseorang akan dirasuk oleh makhluk halus disebabkan dusta sendiri, termasuk kejahatan, kemegahan dan lain-lain. Memandangkan individu ini tidak dapat berdoa dan bertaubat sendiri, apabila dia menerima doa daripada orang suruhan Tuhan yang menunjukkan kuasaNya, rantai ketidakadilan akan dapat dilonggarkan. Apabila iblis dihalau keluar dan dia kembali pulih, dia patut diajarkan Firman Tuhan supaya hatinya yang pernah dipenuhi dosa dan kejahatan akan dibersihkan dan menjadi hati kebenaran.

Oleh it, jika salah seorang ahli keluarga atau sanak-saudara dirasuk makhluk halus, ahli keluarga mesti memilih seorang individu untuk berdoa bagi pihaknya. Ini kerana hati dan minda orang yang dirasuk dikawal oleh makhluk halus dan dia tidak dapat melakukan apa-apa dengan kehendak sendiri. Dia tidak dapat berdoa atau mendengar Firman kebenaran; oleh itu dia tidak dapat hidup berlandaskan kebenaran. Oleh itu, keluarga atau seorang ahli keluarga mesti berdoa untuknya dengan kasih sayang dan belas ihsan supaya ahli keluarga yang dirasuk dapat hidup dalam keimanan. Apabila Tuhan melihat kesungguhan dan kasih sayang dalam keluarga ini, Dia akan menunjukkan kerja penyembuhan. Yesus memberitahu kita bahawa kita perlu mengasihi jiran seperti diri sendiri (Lukas 10:27). Jika kita tidak mampu berdoa untuk ahli keluarga sendiri yang dirasuk, bagaimanakah kita dapat mengasihi jiran kita?

Apabila keluarga dan kawan-kawan orang yang dirasuk syaitan dapat mengenal pasti sebab, bertaubat, berdoa dengan keimanan terhadap kuasa Tuhan, berdoa dengan kasih sayang, dan menanam benih keimanan, kuasa syaitan akan dihalau dan orang yang disayangi akan berubah menjadi manusia kebenaran, yang akan dilindungi oleh Tuhan daripada sebarang makhluk jahat.

Cara untuk Menyembuhkan Orang yang Dirasuk Syaitan

Banyak bahagian dalam Alkitab yang menceritakan tentang penyembuhan manusia yang dirasuk syaitan. Mari kita lihat bagaimana mereka mendapat penyembuhan.

1. Anda mesti menangkis kuasa makhluk halus.

Dalam Markus 5:1-20 kita membaca tentang lelaki yang dirasuk oleh roh kotor. Ayat 3-4 menerangkan tentang lelaki ini dan menyatakan, *"Orang itu dikuasai roh jahat dan tinggal di kuburan-kuburan. Ia sudah tidak dapat diikat lagi; walaupun dengan rantai; kerana sudah sering ia dibelenggu dan dirantai, tetapi rantainya diputuskannya dan belenggunya dimusnahkannya, sehingga tidak ada seorangpun yang cukup kuat untuk menjinakkannya."* Markus 5:5-7 juga menyatakan, *"Siang malam ia berkeliaran di perkuburan dan di bukit-bukit sambil berteriak-teriak dan memukul dirinya dengan batu. Ketika ia melihat Yesus dari jauh, berlarilah ia mendapatkanNya lalu menyembahNya; dan dengan keras ia berteriak: 'Apa urusanMu dengan aku, hai Yesus, Anak Tuhan Yang Maha Tinggi? Demi Tuhan, jangan seksa aku!'"*

Ini adalah balasan kepada perintah Yesus, "Hai engkau roh jahat! Keluar dari orang ini!" Kisah ini memberitahu kita walaupun orang ramai tidak mengetahui bahawa Yesus adalah anak Tuhan, roh kotor kenal siapa Yesus dan tahu apakah kuasa yang dimilikiNya.

Yesus bertanya, "Siapa nama kamu?" dan lelaki yang dirasuk menjawab, "Namaku Legion, kerana kami banyak." Dia juga merayu Yesus berkali-kali untuk tidak menghantarnya keluar dari kawasan dan kemudian merayu Yesus untuk menghantar mereka ke dalam babi. Yesus tidak bertanyakan namanya kerana dia tidak tahu; Dia bertanya nama seperti seorang hakim yang menyiasat roh yang kotor. Selain itu, "Legion" bermakna sejumlah besar makhluk halus yang menguasai seorang lelaki.

Yesus membenarkan "Legion" memasuki sekumpulan babi, yang meluru masuk ke dalam tasik dan mati lemas. Apabila kita menghalau syaitan keluar, kita perlu melakukannya dengan Firman kebenaran, yang dilambangkan dengan air. Apabila orang ramai melihat lelaki ini, yang tidak dapat ditahan oleh kuasa manusia, sembuh sepenuhnya, dengan keadaan minda yang sedar, mereka menjadi takut.

Bagaimanakah kita dapat menghalau syaitan pada zaman ini? Mereka patut dihalau dengan nama Yesus Kristus ke dalam air, yang melambangkan Firman, atau api, yang melambangkan Roh Kudus, supaya kuasa mereka akan hilang. Namun, memandangkan syaitan adalah makhluk rohani, mereka akan dihalau keluar apabila seseorang dengan kuasa untuk menghalau syaitan berdoa. Apabila seorang individu tanpa keimanan cuba untuk menghalau mereka, syaitan akan memperkecilkan atau mengejeknya. Oleh itu, untuk menyembuhkan seseorang yang dirasuk syaitan, seorang yang beriman dengan kuasa untuk menghalau syaitan mesti berdoa.

Namun, kadang kala syaitan tidak akan dapat dihalau walaupun seorang yang beriman menghalaunya atas nama Yesus Kristus. Ini kerana orang yang dirasuk oleh syaitan telah melakukan kekufuran atau bercakap menentang Roh Kudus (Matius 12:31; Lukas 12:10). Penyembuhan tidak dapat berlaku terhadap sesetengah orang yang dirasuk syaitan kerana mereka terus-menerus berdosa dengan sengaja selepas menerima pengetahuan tentang kebenaran (Ibrani 10:26).

Selain itu, dalam Ibrani 6:4-6 kita dapati, *"Sebab mereka yang pernah diterangi hatinya, yang pernah mengecap kurnia syurgawi, dan yang pernah mendapat bagian dalam Roh Kudus, dan yang mengecap firman yang baik dari Tuhan dan kurnia-kurnia dunia yang akan datang, namun yang murtad lagi, tidak mungkin dibaharui sekali lagi sedemikian, hingga mereka bertaubat, sebab mereka menyalibkan lagi Anak*

Tuhan bagi diri mereka dan menghinaNya di muka umum." Memandangkan kita telah mengetahui hal ini, kita perlu menjaga diri supaya kita tidak akan melakukan dosa yang mana kita tidak akan diampunkan. Kita juga perlu membezakan dalam kebenaran sama ada seseorang yang dirasuk oleh syaitan dapat disembuhkan dengan doa.

2. Bersenjatakan kebenaran.

Apabila syaitan telah dihalau keluar, manusia perlu memenuhkan hati mereka dengan kehidupan dan kebenaran, dengan tekun membaca Firman Tuhan, memuji dan berdoa. Walaupun syaitan telah dihalau keluar, jika manusia terus hidup dalam dosa tanpa bersenjatakan kebenaran, syaitan yang dihalau keluar akan kembali dan kali ini, mereka akan ditemani syaitan yang lebih jahat. Ingatlah, keadaan manusia akan lebih teruk berbanding kali pertama syaitan merasuk mereka.

Dalam Matius 12:43-45, Yesus memberitahu kita perkara berikut:

> *Apabila roh jahat keluar dari manusia, ia pun mengembara ke tempat-tempat yang tandus mencari perhentian. Tetapi ia tidak mendapatnya. Lalu ia berkata: Aku akan kembali ke rumah yang telah kutinggalkan itu. Maka pergilah ia dan mendapati rumah itu kosong, bersih tersapu dan rapi.teratur*

Lalu ia keluar dan mengajak tujuh roh lain yang lebih jahat dari padanya dan mereka masuk dan berdiam di situ. Maka akhirnya keadaan orang itu lebih buruk dari pada keadaannya semula. Demikian juga akan berlaku atas angkatan yang jahat ini.

Syaitan tidak boleh dihalau dengan cara sambil lewa. Selain itu, selepas syaitan dihalau keluar, kawan-kawan dan ahli keluarga orang yang dirasuk perlu memahami bahawa individu ini memerlukan penjagaan dengan kasih sayang yang lebih daripada sebelumnya. Mereka perlu menjaganya dengan kesungguhan dan pengorbanan dan memberikan dia senjata kebenaran sehingga penyembuhan sepenuhnya diterima.

Segala-galanya Mungkin Bagi Orang yang Percaya

Dalam Markus 9:17-27 ada kisah Yesus menyembuhkan seorang anak yang dirasuk roh jahat yang menyebabkan dia tidak dapat bercakap dan menderita sawan, selepas melihat keimanan bapanya. Mari kita teliti bagaimana anak ini mendapat penyembuhan.

1. Keluarga mesti menunjukkan keimanan mereka.

Anak dalam Markus 9 bisu dan pekak sejak kecil kerana

dirasuk syaitan. Dia tidak memahami walau sepatah perkataan pun dan mustahil untuk berkomunikasi dengannya. Selain itu, sukar untuk menentukan di mana dan bila simptom sawan akan berlaku. Oleh itu, bapanya selalu hidup dalam ketakutan dan kesedihan, dan semua harapan hidupnya musnah.

Kemudian, bapanya mendengar khabar tentang seorang lelaki dari Galilea yang melakukan keajaiban menghidupkan semula orang mati, dan menyembuhkan pelbagai jenis penyakit. Sinaran harapan mula menembusi kesedihan lelaki ini. Jika khabar ini benar, si bapa percaya, lelaki dari Galilea dapat menyembuhkan anaknya juga. Dengan harapan tinggi, si bapa membawa anaknya berjumpa Yesus dan berkata kepadaNya, *"Sebab itu jika Engkau dapat berbuat sesuatu, tolonglah kami dan kasihanilah kami!"* (Markus 9:22)

Selepas mendengar permintaannya, Yesus berkata, *"'jika Engkau dapat?' Tidak ada yang mustahil bagi orang yang percaya,"* dan memarahi bapa kerana mempunyai keimanan yang tipis. Si bapa mendengar khabar tetapi tidak percaya dengan sepenuh hatinya. Jika si bapa sedar bahawa Yesus adalah anak Tuhan yang Maha Berkuasa dan kebenaran itu sendiri, dia tidak akan berkata "Jika." Untuk mengajarkan kita bahawa mustahil untuk menyenangkan hati Tuhan tanpa keimanan dan mustahil untuk menerima jawapan tanpa keimanan yang penuh yang dipercayai seseorang, Yesus berkata "Jika Engkau dapat?" untuk menempelak bapa yang mempunyai "keimanan yang tipis."

Keimanan secara umumnya dapat dibahagikan kepada dua jenis. Melalui "keimanan badaniah" atau "keimanan sebagai pengetahuan," seseorang dapat percaya dengan apa yang dia lihat. Jenis keimanan di mana seseorang akan percaya tanpa melihat adalah "keimanan rohani," "keimanan sebenar," "keimanan hidup," atau "keimanan yang disertai amalan." Keimanan jenis ini dapat mencipta sesuatu daripada tiada apa-apa. Definisi "keimanan" menurut Alkitab adalah *"Iman adalah dasar dari segala sesuatu yang kita harapkan dan bukti dari segala sesuatu yang tidak kita lihat"* (Ibrani 11:1).

Apabila kita menderita daripada penyakit yang dapat disembuhkan oleh manusia, mereka dapat disembuhkan apabila penyakit mereka dibakar oleh api Roh Kudus apabila mereka mereka menunjukkan keimanan dan dipenuhi oleh Roh Kudus. Jika orang yang baru mendapat keimanan jatuh sakit, dia akan disembuhkan jika dia membuka harinya, mendengar Firman, dan menunjukkan keimanannya. Jika seorang Kristian yang sudah matang dan mempunyai keimanan jatuh sakit, dia akan dapat disembuhkan apabila dia mengubah caranya dengan bertaubat.

Apabila manusia menderitai penyakit yang tidak dapat disembuhkan oleh sains perubatan, mereka mesti menunjukkan keimanan yang lebih hebat. jika seorang Kristian yang matang dengan keimanan jatuh sakit, dia dapat disembuhkan apabila dia membuka hatinya, bertaubat sepenuh hati, dan berdoa dengan khusyuk. Jika seseorang yang mempunyai keimanan yang tipis atau tiada langsung, dia tidak akan disembuhkan sehinggalah dia diberikan keimanan dan menurut pertambahan keimanannya, kerja penyembuhan akan ditunjukkan.

Orang yang kurang keupayaan fizikal, yang cacat anggota, dan mempunyai penyakit keturunan, hanya dapat disembuhkan dengan keajaiban Tuhan. Oleh itu, mereka mesti menunjukkan dedikasi dan keimanan kepada Tuhan dengan mana mereka dapat mengasihi dan menyenangkan hatiNya. Hanya dengan ini Tuhan akan mengakui keimanan mereka dan melaksanakan penyembuhan. Apabila manusia menunjukkan keimanan yang teguh kepada Tuhan – seperti Bartimeus memanggil Yesus (Markus 10:46-52), seperti seorang perwira menunjukkan keimanannya yang teguh kepada Yesus (Matius 8:5-13), dan seperti paralitik dan empat orang kawannya menunjukkan keimanan dan dedikasi (Markus 2:3-12) – Tuhan akan memberikan mereka penyembuhan.

Sama juga, memandangkan orang yang dirasuk syaitan tidak dapat disembuhkan tanpa kerja Tuhan dan tidak dapat menunjukkan keimanan mereka, untuk membawakan penyembuhan dari syurga, ahli keluarga mereka mesti percaya dengan Tuhan yang Maha Berkuasa dan berhadapan denganNya.

2. Manusia mesti mempunyai keimanan dengan mana mereka percaya.

Bapa anak yang telah lama dirasuk syaitan pada mulanya ditegur oleh Yesus kerana keimanannya yang tipis. Apabila Yesus berkata dengan yakin, "Segala-galanya mungkin bagi orang yang percaya" kepada si bapa, bibir si bapa memberikan pengakuan yang positif, "Saya percaya." Namun, kepercayaan terhadap kepada pengetahuan sahaja. Itu sebabnya si bapa merayu kepada Yesus, "[Bantu] ketidakpercayaanku!" (Markus 9:24) Selepas mendengar rayuan si bapa, yang mempunyai hati yang ikhlas, doa yang tekun dan keimanan yang diketahui Yesus, Dia memberikan bapa keimanan dengan mana dia kini dapat percaya.

Dengan cara yang sama, dengan meminta kepada Tuhan kita akan menerima keimanan dengan mana kita dapat percaya dan dengan keimanan ini, kita akan sedia untuk menerima jawapan kepada masalah, dan perkara "mustahil" akan menjadi "tidak mustahil."

Apabila si bapa mempunyai keimanan dengan mana dia dapat percaya, apabila Yesus memerintahkan, *"Hai kau roh yang menyebabkan orang menjadi bisu dan tuli, Aku memerintahkan engkau, keluarlah dari pada anak ini dan jangan memasukinya lagi,"* roh jahat keluar daripada anak itu dengan jeritan (Markus 9:25-27). Seperti bibir bapa yang merayu untuk mendapatkan keimanan dengan mana dia dapat percaya dan menginginkan bantuan Tuhan – walaupun selepas Yesus menegurnya – Yesus menunjukkan kerja penyembuhan yang menakjubkan.

Yesus malah menjawab dan memberikan penyembuhan sepenuhnya kepada anak ini yang telah dirasuk oleh roh jahat yang menyebabkan dia tidak boleh bercakap, dan menderita daripada penyakit sawan sehingga dia sering jatuh, berbuih di mulut, mengetap gigi dan menjadi kejang. Jadi, bagi orang yang percaya dengan kuasa Tuhan dengan mana segala-galanya mungkin dan hidup berpandukan FirmanNya, tidakkah Dia akan melancarkan segala-galanya dan memimpin mereka untuk menjalani kehidupan yang sihat?

Tidak lama selepas mengasaskan gereja Manmin, seorang lelaki muda dari Wilayah gang-won melawat gereja selepas mendengar khabar tentangnya. Lelaki muda ini fikir yang dia berkhidmat kepada Tuhan dengan setia sebagai cikgu Sekolah Ahad dan ahli kumpulan koir. Namun, disebabkan dia bongkak dan tidak menyingkirkan kejahatan dalam hatinya malah mengumpulkan dosa, dia menderita selepas syaitan memasuki hatinya yang kotor dan mula tinggal di sana. Kerja penyembuhan berlaku disebabkan doa yang khusyuk dan dedikasi bapanya. Selepas mengenal pasti syaitan ini dan menghalaunya dengan doa, lelaki muda ini berbuih di mulut, membengkokkan badan ke belakang dan mengeluarkan bau yang busuk. Selepas insiden ini, hidupnya diperbaharui dan dia membekalkan diri dengan senjata kebenaran di Manmin. Hari ini, dia dengan setia berkhidmat kepada gerejanya di Gang-won dan memberikan keagungan kepada Tuhan dengan berkongsi kasih kurnia testimoni penyembuhannya dengan ramai orang.

Semoga anda memahami jangkauan kerja Tuhan yang tiada batasan dan segala-galanya mungkin disebabkan ini, supaya apabila anda mencari dalam doa, anda bukan sahaja akan menjadi anak Tuhan yang dirahmati tetapi juga santa yang dikasihiNya yang mana segala-galanya berjalan lancar setiap masa, dengan nama Yesus Kristus saya berdoa!

Bab 7

Keimanan dan Kepatuhan Naaman,
Pesakit Kusta

2 Raja-Raja 5:9-10; 14

Kemudian datanglah Naaman dengan kudanya dan keretanya, lalu berhenti di depan pintu rumah Elisa Elisa menyuruh seorang suruhan kepadanya mengatakan: "Pergilah mandi tujuh kali dalam sungai Yordan, maka tubuhmu akan pulih kembali, sehingga engkau menjadi tahir Maka turunlah ia membenamkan dirinya tujuh kali dalam sungai Yordan, sesuai dengan perkataan abdi Tuhan itu. Lalu pulihlah tubuhnya kembali seperti tubuh seorang anak dan ia menjadi tahir.

Jeneral Naaman Pesakit Kusta

Dalam kehidupan, kita berdepan masalah kecil dan besar. Ada kalanya kita berdepan masalah yang di luar keupayaan manusia.

Di negeri Aram di utara Israel, ada seorang komander tentera yang bernama Naaman. Dia telah memimpin tentera Aram memenangi peperangan pada saat paling getir bagi negara ini. Naaman amat mengasihi negaranya dan berkhidmat kepada raja dengan setia. Walaupun raja memandang tinggi kepadanya, jeneral ini menderita disebabkan rahsia yang tidak diketahui oleh sesiapapun.

Apakah punca penderitaannya? Naaman menderita bukan kerana dia tidak cukup harta atau kemasyhuran. Naaman sedih dan tidak mempunyai kegembiraan dalam hidup kerana dia menghidap penyakit kusta, iaitu penyakit yang tiada penawar pada zaman itu.

Semasa zaman ini, orang yang menghidap kusta dianggap kotor. Mereka dipaksa hidup dalam buangan di luar kawasan bandar. Penderitaan Naaman lebih hebat lagi kerana selain sakit, ada masalah lain yang datang dengan penyakit ini. Simptom kusta termasuklah bintik-bintik di badan, terutamanya di muka, di bahagian lengan dan kaki, bahagian dalam tapak kaki, serta kehilangan deria sentuh. Dalam kes kronik, bulu kening, kuku tangan dan kaki akan tertanggal dan rupa paras seseorang akan menjadi buruk.

Kemudian suatu hari, Naaman yang menghidap penyakit yang tiada penawarnya dan hidup dalam kesedihan ini mendengar khabar baik. Menurut seorang gadis yang ditangkap dari Israel yang berkhidmat untuk isterinya, ada seorang nabi di Samaria yang dapat menyembuhkan penyakit kusta Naaman. Dia sanggup melakukan apa sahaja untuk sembuh, jadi Naaman memberitahu raja tentang penyakit yang dihidapinya dan apa yang didengari daripada hambanya. Selepas mendengar bahawa jeneral yang setia ini akan dapat disembuhkan daripada penyakit kusta jika dia pergi berjumpa nabi di Samaria, raja dengan ikhlas membantu Naaman dan menulis surat kepada raja Israel bagi pihaknya.

Naaman pergi ke Israel dengan 10 talenta perak, 6,000 shekel dan 10 persalinan pakaian, serta surat daripada raja yang berbunyi, *"Sesampainya surat ini kepadamu, maklumlah kiranya, bahawa aku menyuruh kepadamu Naaman, pegawaiku, supaya engkau menyembuhkan dia dari penyakit kustanya"* (ayat 6). Pada waktu itu, Aram merupakan negara yang lebih kuat berbanding Israel. Selepas membaca surat daripada raja Aram, raja Israel mengoyakkan jubahnya dan berkata, *"Adakah aku Tuhan? Mengapa dia menghantar seseorang untuk disembuhkan penyakit kustanya? Tengoklah dia mahu bergaduh denganku!"* (ayat 7)

Nabi Israel Elisha mendengar khabar ini dan bertemu raja serta berkata, *"Mengapa engkau mengoyakkan pakaianmu? Biarlah ia datang kepadaku, supaya ia tahu bahawa ada seorang nabi di Israel"* (ayat 8). Apabila raja Israel menghantar Naaman ke rumah Elisha,nabi ini tidak bertemu jeneral tetapi menghantar pesanan melalui orang suruhan, *"Pergilah mandi tujuh kali dalam sungai Yordan, maka tubuhmu akan pulih kembali, sehingga engkau menjadi tahir"* (ayat 10).

Tentu Naaman berasa tidak selesa, kerana dia yang datang dengan kuda dan pedati ke rumah Elisha tidak mendapat sambutan, malah nabi ini tidak mahu berjumpa dengannya? Jeneral ini berasa marah. Dia fikir jika jeneral tentera sebuah negara yang lebih kuat daripada Israel datang melawat, nabi ini tentu akan menyambut kedatangannya dengan baik dan meletakkan tangan pada badannya. Sebaliknya, Naaman menerima sambutan hambar daripada nabi ini dan disuruh mencuci dirinya di dalam sungai yang kecil dan kotor seperti Sungai Yordan.

Dengan marah, Naaman fikir mahu pulang, *"Aku sangka bahawa setidak-tidaknya ia datang ke luar dan berdiri memanggil nama TUHAN, Tuhannya, lalu menggerak-gerakkan tangannya di atas tempat penyakit itu dan dengan demikian menyembuhkan penyakit kustaku.' Bukankah Abana dan Parpar, sungai-sungai Damsyik, lebih baik dari segala sungai di Israel? Bukankah aku dapat mandi di sana dan menjadi tahir?"* (ayat 11-12) Sedang dia bersedia untuk perjalanan pulang, hamba Naaman merayu kepadanya. *"Bapak, seandainya nabi itu menyuruh perkara yang sukar kepadamu, bukankah bapak akan melakukannya? Apa lagi sekarang, ia hanya berkata kepadamu: Mandilah dan engkau akan menjadi tahir'?"* (ayat 13) Mereka merayu tuan mereka untuk mematuhi arahan Elisha.

Apa yang berlaku apabila Naaman mandi tujuh kali dalam Sungai Yordan, seperti yang disuruh Elisha? Tubuhnya menjadi bersih seperti anak muda. Penyakit kusta yang menyebabkan dia menderita sembuh sepenuhnya. Apabila penyakit yang tidak dapat disembuhkan oleh manusia dapat sembuh sepenuhnya dengan kepatuhan Naaman terhadap hamba Tuhan, jeneral ini mula mengakui Tuhan yang hidup dan Elisha, hamba Tuhan.

Selepas mengalami kuasa Tuhan yang hidup – Tuhan Penyembuh penyakit kusta – Naaman kembali ke Elisha dan mengakui, *"Kemudian kembalilah ia dengan seluruh pasukannya kepada abdi Tuhan itu. Setelah sampai, tampillah ia ke depan Elisa dan berkata: 'Sekarang aku tahu, bahawa di seluruh bumi tidak ada Tuhan kecuali di Israel. Kerana itu terimalah kiranya suatu pemberian dari hambamu ini.' Tetapi Elisa menjawab: 'Demi TUHAN yang hidup, yang di hadapanNya aku menjadi pelayan, sesungguhnya aku tidak akan menerima apa-apa.' Dan walaupun Naaman mendesaknya supaya menerima sesuatu, ia tetap menolak. Akhirnya berkatalah Naaman: 'Jikalau demikian, biarlah diberikan kepada hambamu ini tanah sebanyak muatan sepasang bagal, sebab hambamu ini tidak lagi akan mempersembahkan korban bakaran atau korban sembelihan kepada tuhan lain kecuali kepada TUHAN,'"* dan memberikan keagungan kepada Tuhan (2 Raja-Raja 5:15-17).

Keimanan dan Amalan Naaman

Mari kita teliti keimanan dan amalan Naaman, yang bertemu Tuhan Penyembuh dan disembuhkan daripada penyakit yang tiada penawar.

1. Akal Budi Naaman yang Baik

Sesetengah orang dengan mudah menerima dan percaya dengan kata-kata orang lain manakala orang lain suka meragui dan tidak mempercayai orang lain. Kerana Naaman mempunyai akal budi yang baik, dia tidak memandang ringan kata-kata orang lain tetapi menerimanya. Dia boleh pergi ke Israel, mematuhi arahan Elisha, dan menerima penyembuhan kerana dia tidak memandang remeh, malah mengambil serius dan percaya dengan kata-kata seorang gadis yang berkhidmat untuk isterinya. Apabila gadis yang ditangkap dari Israel ini memberitahu isterinya, *"Kalaulah tuan berada bersama nabi yang tinggal di Samaria! Dia akan menyembuhkan penyakit kusta tuan,"* (ayat 5) Naaman mempercayainya. Katakanlah anda berada dalam situasi ini. Apa yang akan anda lakukan? Adakah anda akan menerima kata-katanya dengan sepenuhnya?

Walaupun sains perubatan kini amat maju, ada banyak

penyakit yang masih belum dapat disembuhkan oleh ubat. Jika anda memberitahu orang lain bahawa anda telah disembuhkan daripada penyakit kronik oleh Tuhan, atau anda disembuhkan selepas menerima doa, berapa ramai orang yang anda fikir anda percaya dengan anda? Naaman percaya kata-kata gadis ini, pergi menghadap raja untuk mendapatkan kebenaran, pergi ke Israel, dan menerima penyembuhan bagi penyakit kusta. Dalam kata lain, disebabkan Naaman mempunyai akal budi yang baik, dia dapat menerima kata-kata anak gadis ini apabila dia berdakwah kepadanya dan Naaman mengambil tindakan yang sewajarnya. Kita juga mesti sedar bahawa apabila kita menerima dakwah, kita dapat menerima jawapan kepada semua masalah hanya apabila kita percaya dengan dakwah ini dan berhadapan dengan Tuhan, seperti yang dilakukan oleh Naaman.

2. Naaman Memusnahkan Fikirannya

Apabila Naaman pergi ke Israel dengan bantuan raja dan tiba di rumah Elisha, nabi yang mampu menyembuhkan penyakit kusta, dia menerima sambutan yang hambar. Dia marah dengan Elisha, yang pada pandangan Naaman yang masih belum percaya, tidak mempunyai status sosial atau kemasyhuran. tidak menyambut orang suruhan setia raja Aram, dan memberitahu Naaman – melalui orang suruhan – untuk mencuci dirinya di Sungai Yordan sebanyak tujuh kali. Naaman marah kerana dia dihantar sendiri oleh raja Aram. Selain itu, Elisha tidak meletakkan tangannya pun pada bintik di badan tetapi memberitahu Naaman bahawa dia akan dapat sembuh apabila dia mencuci badannya dalam sungai yang kecil dan kotor seperti Sungai Yordan.

Naaman marah dengan Elisha dan tindakan nabi ini, yang dia tidak dapat fahami dengan pemikirannya. Dia bersiap sedia untuk pulang, dan memikirkan bahawa ada banyak lagi sungai yang besar dan bersih di negaranya, dan dia dapat sembuh jika dia mandi di salah satu sungai ini. Pada saat itu, hamba Naaman menggesa tuan mereka untuk mematuhi arahan Elisha dan mandi di Sungai Yordan.

Kerana Naaman mempunyai akal budi yang baik, jeneral ini tidak bertindak berdasarkan pemikirannya tetapi mengambil keputusan untuk mematuhi arahan Elisha, dan pergi ke Yordan. Di kalangan orang berstatus tinggi seperti Naaman, berapa ramai antara mereka yang akan bertaubat dan patuh disebabkan gesaan hamba atau orang lain yang berada pada kedudukan yang lebih rendah?

Kita dapati dalam Yesaya 55:8-9, *"Sebab rancanganKu bukanlah rancanganmu, dan jalanmu bukanlah jalanKu, demikianlah firman TUHAN. 'Seperti tingginya langit dari bumi, demikianlah tingginya jalanKu dari jalanmu dan rancanganKu dari rancanganmu,'"* apabila kita berpegang teguh kepada fikiran dan teori manusia, kita tidak akan dapat mematuhi Firman Tuhan. Ingatlah bahawa akhirnya Raja Saul yang ingkar kepada Tuhan. Apabila kita menggunakan fikiran manusia dan tidak patuh kepada kehendak Tuhan, ini adalah tindakan ingkar, dan jika kita gagal mengakui keingkaran, kita perlu ingat bahawa Tuhan akan meninggalkan dan menolak kita seperti yang dilakukanNya terhadap Raja Saul.

Kita baca dalam 1 Samuel 15:22-23, *"Tetapi jawab Samuel: 'Apakah TUHAN itu berkenan kepada korban bakaran dan korban sembelihan sama seperti kepada mendengarkan suara TUHAN? Sesungguhnya, mendengarkan lebih baik dari pada korban sembelihan, memperhatikan lebih baik dari pada lemak domba-domba jantan. Sebab penderhakaan adalah sama seperti dosa bertenung dan kedegilan adalah sama seperti menyembah berhala dan terafim. Karena engkau telah menolak firman TUHAN, maka Ia telah menolak engkau sebagai raja.'"* Naaman berfikir dua kali dan mengambil keputusan untuk tidak menghiraukan fikirannya dan mengikut arahan Elisha, seorang hamba Tuhan.

Dengan cara yang sama, kita perlu ingat bahawa hanya apabila kita membuang hati yang ingkar dan mengubahnya menjadi hati yang patuh menurut kehendak Tuhan, kita akan mencapai apa sahaja yang diingini oleh hati.

3. Naaman Patuh Firman Nabi

Naaman yang patuh kepada arahan Elisha, pergi ke Sungai Yordan dan mencuci dirinya. Ada banyak lagi sungai yang lebih besar dan bersih daripada Yordan, tetapi arahan Elisha supaya dia ke Yordan mempunyai makna rohani. Sungai Yordan melambangkan penyelamatan, manakala air melambangkan Firman Tuhan yang menyucikan doa manusia dan membolehkan mereka mendapat penyelamatan. (Yohanes 4:14). Itu sebabnya Elisha mahu Naaman mencuci dirinya di Sungai Yordan yang membawanya kepada penyelamatan. Tidak kira betapa besar dan bersihnya sungai yang lain, ia tidak memimpin manusia ke jalan penyelamatan, tiada kaitan dengan Tuhan, dan oleh itu dalam airnya kerja Tuhan tidak akan diperlihatkan.

Yesus menyatakan dalam Yohanes 3:5, *"Aku berkata kepadamu, sesungguhnya jika seorang tidak dilahirkan dari air dan Roh, ia tidak dapat masuk ke dalam Kerajaan Tuhan,"* dengan mencuci dirinya di Sungai Yordan, jalan telah dibuka untuk Naaman menerima pengampunan bagi dosanya dan sebagai penyelamatan, serta bertemu Tuhan yang hidup.

Jadi, mengapakah Naaman disuruh mencuci dirinya sebanyak tujuh kali? Nombor "7" adalah nombor yang lengkap dan melambangkan kesempurnaan. Dengan menyuruh Naaman mencuci dirinya sebanyak tujuh kali, Elisha memberitahu jeneral ini untuk menerima keampunan bagi dosanya dan hidup dengan sepenuhnya dalam Firman Tuhan. Hanya dengan ini Tuhan yang bagiNya segala-gala adalah mungkin, menunjukkan kerja penyembuhan dan menyembuhkan apa sahaja penyakit yang tiada penawar.

Oleh itu, kita dapati Naaman menerima penyembuhan bagi penyakit kusta, yang tiada ubat dan tidak dapat disembuhkan oleh manusia, kerana dia mematuhi kata-kata nabi ini. Alkitab menyatakan dengan jelas, *"Sebab firman Tuhan hidup dan kuat dan lebih tajam dari pada pedang bermata dua mana pun; ia menusuk amat dalam sampai memisahkan jiwa dan roh, sendi-sendi dan sumsum; ia sanggup membezakan pertimbangan dan fikiran hati kita. Dan tidak ada suatu makhluk pun yang tersembunyi di hadapanNya, sebab segala sesuatu telanjang dan terbuka di depan mata Dia, yang kepadaNya kita harus memberikan pertanggungan jawab"* (Ibrani 4:12-13).

Naaman berhadapan dengan Tuhan yang bagiNya tiada yang mustahil, memusnahkan fikiran sendiri, dan mematuhi kehendakNya. Apabila Naaman mandi sebanyak tujuh kali dalam Sungai Yordan, Tuhan melihat keimanannya, menyembuhkan penyakit kusta,, dan jasad Naaman dipulihkan dan menjadi bersih seperti anak muda.

Dengan menunjukkan kepada kita bukti nyata yang mengakui penyembuhan penyakit kusta dapat dilaksanakan hanya dengan kuasaNya, Tuhan memberitahu kita bahawa penyakit yang tiada penawar boleh disembuhkan apabila kita menyenangkan hatiNya dengan keimanan yang disertai amalan.

Naaman Mengagungkan Tuhan

Selepas Naaman disembuhkan daripada penyakit kusta, dia kembali bertemu Elisha, dan mengakui, "Kini aku tahu bahawa tiada Tuhan di dunia melainkan di Israel...hambaMu tidak akan lagi memberikan korban bakar kepada tuhan lain selain TUHAN," dan memberikan keagungan kepada Tuhan.

Dalam Lukas 17:11-19 ada kisah di mana 10 orang bertemu Yesus dan disembuhkan daripada penyakit kusta. Namun, salah seorang daripada mereka kembali bertemu Yesus, dan memuji Tuhan dengan suara yang kuat, serta meniarap di kaki Yesus dan mengucapkan terima kasih kepadaNya. Dalam ayat 17-18, Yesus bertanya kepadanya, *"Bukankah kesepuluh orang tadi semuanya telah menjadi tahir? Di manakah yang sembilan orang itu? Tidak adakah di antara mereka yang kembali untuk memuliakan Tuhan selain dari pada orang asing ini?"* Dalam ayat 19, Dia memberitahu lelaki ini, *"Berdirilah dan pergilah, imanmu telah menyelamatkan engkau."* Jika kita menerima penyembuhan dengan kuasa Tuhan, kita bukan sahaja perlu memberikan keagungan kepada Tuhan, menerima Yesus Kristus, dan mendapat penyelamatan, tetapi juga hidup berdasarkan Firman Tuhan.

Naaman mempunyai jenis keimanan dan amalan dengan mana dia dapat disembuhkan daripada penyakit kusta, satu penyakit yang tiada penawarnya pada waktu itu. Dia mempunyai akal budi yang baik untuk mempercayai kata-kata seorang gadis hamba yang ditangkap sebagai tawanan. Dia mempunyai jenis keimanan di mana dia menyediakan hadiah khas untuk dipersembahkan semasa melawat seorang nabi, Dia menunjukkan amalan kepatuhan walaupun arahan Nabi Elisha tidak selari dengan fikirannya.

Naaman, orang bukan Israel, dahulunya menderita penyakit yang tiada penawar tetapi melalui penyakit ini dia bertemu Tuhan yang hidup dan mengalami kerja penyembuhan. Sesiapa yang datang di hadapan Tuhan yang Maha Berkuasa dan menunjukkan keimanan dan amalan akan menerima jawapan kepada semua masalah, tidak kira betapa sukar.

Semoga anda memiliki keimanan yang jitu, menunjukkan keimanan dengan amalan, menerima jawapan bagi semua masalah hidup, dan menjadi santa dirahmati yang mengagungkan Tuhan, dengan nama Yesus Kristus saya berdoa.

Penulis:
Dr. Jaerock Lee

Dr. Jaerock Lee dilahirkan di Muan, Wilayah Jeonnam, Republik Korea, pada tahun 1943. Dalam usia 20-an, Dr. Lee menderitai pelbagai penyakit yang tidak dapat disembuhkan selama tujuh tahun dan menunggu kematian tanpa harapan untuk sembuh. Suatu hari dalam musim bunga tahun 1974, beliau dibawa ke sebuah gereja oleh kakaknya dan apabila beliau melutut untuk berdoa, Tuhan yang Maha Hidup menyembuhkan semua penyakitnya dengan serta-merta.

Sejak Dr. Lee bertemu Tuhan yang Maha Hidup melalui pengalaman menakjubkan ini, beliau mencintai Tuhan dengan sepenuh hati dan keikhlasan, dan pada tahun 1978, beliau telah terpanggil untuk menjadi hamba Tuhan. Beliau berdoa dengan khusyuk dan berpuasa supaya dapat memahami dengan jelas kehendak Tuhan, dan mencapai tahap ini serta mematuhi semua Firman Tuhan. Pada tahun 1982, beliau mengasaskan Gereja Besar Manmin di Seoul, Korea, dan menjalankan banyak kerja Tuhan, termasuklah penyembuhan dan mukjizat, semuanya berlaku di gereja ini.

Pada 1986, Dr. Lee telah ditahbiskan sebagai paderi pada Perhimpunan Tahunan Yesus Gereja Sungkyul di Korea, dan empat tahun selepas itu, pada tahun 1990, khutbahnya mula disiarkan di Australia, Rusia dan Filipina. Dalam masa yang singkat lebih banyak negara dapat dicapai melalui Far East Broadcasting Company, Asia Broadcast Station, dan Washington Christian Radio System.

Tiga tahun selepas itu, pada tahun 1993, Gereja Besar Manmin telah dipilih sebagai "50 Gereja Teratas Dunia" oleh majalah *Christian World* (AS) dan beliau menerima Ijazah Kedoktoran Kehormat Kesucian dari Kolej Keimanan Kristian, Florida, AS, dan PhD pada tahun 1996 dalam bidang Penyebaran Agama, oleh Seminari Teologi Kingsway, Iowa, AS.

Sejak 1993, Dr. Lee telah menerajui misi dunia melalui banyak perjuangan ke luar negara seperti ke Tanzania, Argentina, L.A., Baltimore, Hawaii, dan New York di AS, Uganda, Jepun, Pakistan, Kenya, Filipina, Honduras, India, Rusia, Jerman, Peru, Republik Demokratik Congo, dan Israel dan Estonia.

Pada tahun 2002, beliau diakui sebagai "tokoh kebangkitan sedunia" atas dakwahnya yang berkesan dalam banyak misi mubaligh antarabangsa, oleh akhbar Kristian utama di Korea. Yang diberi tumpuan ialah 'Perhimpunan New York 2006' yang diadakan di Madison Square Garden, arena paling terkenal di dunia. Acara ini disiarkan ke 220 negara, dan dalam 'Perhimpunan Bersatu Israel 2009', yang diadakan di Pusat Konvensyen Antarabangsa (ICC) di Jerusalem, beliau dengan berani mengakui bahawa Yesus Kristus ialah Al-Masih dan Penyelamat.

Khutbahnya disiarkan ke 176 negara melalui satelit termasuklah GCN TV dan beliau disenaraikan sebagai '10 Pemimpin Kristian Paling Berpengaruh Dunia' 2009 dan 2010 oleh majalah Kristian popular Rusia *In Victory* dan agensi berita Christian Telegraph, atas dakwah siaran TV beliau yang berkuasa dan dakwah paderi gereja luar negara yang berkesan.

Setakat bulan Mac 2015, Gereja Besar Manmin mempunyai ahli seramai 120,000 orang. Terdapat 10,000 cawangan gereja di dalam dan luar negara di seluruh dunia termasuk 56 cawangan gereja tempatan, dan setakat ini lebih 123 misi mubaligh telah dihantar ke 23 negara, termasuklah Amerika Syarikat, Rusia, Jerman, Kanada, Jepun, China, Perancis, India, Kenya dan banyak lagi.

Pada tarikh penerbitan ini, Dr. Lee telah menulis 94 buah buku, termasuk buku jualan laris *Tasting Eternal Life before Death, My Life My Faith I & II, The Message of the Cross, The Measure of Faith, Heaven I & II, Hell, Awaken, Israel!,* dan *The Power of God.* Hasil kerjanya telah diterjemahkan ke lebih 75 bahasa.

Penulisan kolumnya diterbitkan dalam *The Hankook Ilbo, The JoongAng Daily, The Chosun Ilbo, The Dong-A Ilbo, The Munhwa Ilbo, The Seoul Shinmun, The Kyunghyang Shinmun, The Korea Economic Daily, The Korea Herald, The Shisa News,* dan *The Christian Press.*

Dr. Lee kini merupakan pemimpin banyak organisasi dan persatuan Kristian. Kedudukan ini termasuklah: Pengerusi, Gereja Penyatuan Suci Yesus Kristus; Presiden, Misi Dunia Manmin; Presiden Tetap, Persatuan Misi Kebangkitan Kristian Dunia; Pengasas & Pengerusi Lembaga, Global Christian Network (GCN); Pengasas & Pengerusi Lembaga, Jaringan Doktor Kristian Sedunia (WCDN); dan Pengasas & Pengerusi Lembaga, Seminari Antarabangsa Manmin (MIS).

Syurga I & II

Jemputan ke Bandar Suci Yerusalem Baru, yang mana 12 pintu pagarnya diperbuat daripada mutiara yang bergemerlapan, di tengah-tengah Syurga yang luas dan bersinar seperti permata berharga.

Tujuh Gereja

Mesej Tuhan untuk membangkitkan orang Kristian dan gereja daripada tidur rohani, yang dihantar ke tujuh gereja yang dicatatkan dalam Wahyu bab 2 dan 3, yang merujuk kepada semua gereja Tuhan

Neraka

Mesej kepada semua manusia daripada Tuhan, yang tidak mahu walau satu jiwa pun masuk ke Neraka! Anda akan mengetahui perkara yang tidak pernah diterangkan di mana-mana sebelum ini tentang penderitaan di Neraka.

Hidup Saya Iman Saya I & II

Aroma kerohanian paling harum yang diambil daripada kehidupan yang mencintai Tuhan, di tengah-tengah gelombang gelap, cabaran dan penderitaan hebat.

Ukuran Iman

Apakah tempat tinggal, mahkota dan ganjaran yang disediakan untuk anda di syurga? Buku ini memberikan kebijaksanaan dan bimbingan untuk anda mengukur tahap iman dan memupuk iman yang terbaik dan matang.